第三帝国

南方前线

美国时代生活编辑部 / 编

张文天 / 译

修订本

海南出版社

·海口·

目　录

附　文

致读者

首先应当承认，本书的策划并非出自我本人的想法。

事实上，当一小批时代生活图书公司的编辑和作者开始极力主张推出这样一个系列的时候，我的第一反应是："有关第三帝国的话题难道还能有什么新意吗？"

可是，当前往柏林、华盛顿和莫斯科的采访人员逐步发回他们的稿件——私人珍藏的回忆录和相册堆满了我的办公桌——目击者的记录和官方秘藏的文件被一一发掘出来之后，我觉得我的疑问已经找到了最好的答案。

我们正在接近一项重大的成果：对纳粹统治下的德国的一个全新的认识——从第三帝国的内部来解剖它。

本系列共有 21 本。每一本都向您展示了第一手的私人记录、从未发表过的照片、亲历者的回忆录和新解密的官方档案。它们恰如一幅徐徐展开的巨型画卷，将您带回那腥风血雨的黑暗时代，让您仿佛置身于喧嚣狂热的柏林、遍地瓦砾的华沙、燃烧的斯大林格勒、沙尘滚滚的北非，恍如走进了令人不寒而栗的集中营、党卫队的秘密会议室、希特勒的办公室、他的书房和卧室，甚至把握到他的思想动态。每一本都有一个中心主题，整个系列连起来则构成了迄今为止最完整、最细致的"第三帝国史"。

这就是我们所做的工作，让真实的历史说话。

时代生活编辑部主编乔·沃尔

1. 沙漠终结战

在溃败于阿拉曼之后，于 1942 年 11 月 8 日从埃及撤退的陆军元帅埃尔温·隆美尔收到了可能得到的最糟糕的消息：在他的西面，英国和美国的数万军队在卡萨布兰卡、奥兰、阿尔及尔的 9 个不同登陆点潮水般地冲向海滩。这位沙漠之狐不断地估计着形势。他的非洲军团享受荣耀的日子已经屈指可数了，正如他在日记中所写的："这意味着非洲军团的末日。"

隆美尔沿着北非海岸持续向西撤退，而英国第 8 军团紧随其后。11 月 4 日以来，隆美尔一直希望能重整军队，反戈一击，恢复他对亚力山大的驱赶。但现在，随着盟军在其非洲军团后部登陆，这个希望破灭了。隆美尔立即意识到，除了继续撤退，他别无选择。

来自墨索里尼、希特勒以及位于罗马的意大利最高统帅部指挥官的有关让他停下来和坚守住的明确的命令汹涌而至，但是，隆美尔得出结论：第一个适于重组军队的地点是在位于阿拉曼以西 600 公里的摩萨布里加一线。所以他们以惊人的速度不断撤退，随之德国人丧失了所有他们以前所得到的：11 月 9 日丢掉了西迪拜拉尼，11 日是索伦哈发亚防线；13 日原本难以攻克的

陆军元帅阿尔贝特·凯塞林与陆军元帅埃尔温·隆美尔在埃及交谈时，露出他惯有的笑容。此时是 1942 年 9 月，沙漠之狐隆美尔马上要回到德国休病假。这年晚秋，隆美尔衰弱了的部队在阿拉曼被英军追赶得跟跄而退。

7

图卜鲁克不战而陷落，两天之后，马图巴失守；20 日班加西被放弃了，这是两年中这座被战火蹂躏的城市第五次易手。

这真是地狱般的、无休止的磨难。在夜间撤退，意味着仅仅能以手中的罗盘做向导穿越雷区。在黑暗中，英国皇家空军的飞机投放照明弹以显示德军位置，紧接着战斗机、轰炸机随后而至。

一位幸存者这样回忆当时的场景，一些携带着白光闪耀的照明弹的降落伞缓缓而降，"它们带着白痴般的狂喜让我在黑暗中身影全现。几分钟内，天空中开满了'圣诞树'，我们在电闪雷鸣般的爆炸中疯狂地奔逃。如果我们停下来或者趴在地上，飞机就攻击那些被轰炸震慑住还站立着的单个士兵：他们奇形怪状的身影暴露无遗并四处飞舞"。

隆美尔，这无畏而又胆小的沙漠之狐，怎么会陷入这样悲惨的境地？即使是在英国第 8 军团在阿拉曼大获全胜从而扭转北非战局之前，隆美尔的主要问题已变成了供给，而且此后一直如此。希特勒从未意识到北非战局的战略重要性，他认为这是墨索里尼的战争，远比德国对苏联的生死之战次要得多。因此，承诺给非洲军团的补给计划总是很吝啬，而且就算这些物资能全部发出，也很少能完整地送到。由于被 Ultra——伦敦密码破译系统事先得知了运送物资的船只离港时间和设计航线，英国海军和空军能够预知和击沉在地中海为隆美尔

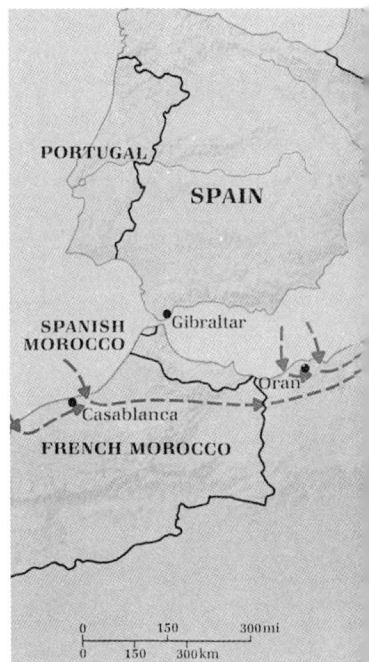

地中海沿岸行动图

Map labels:
FRANCE · CROATIA · SERBIA · RUMANIA · ITALY · MONTENEGRO · BULGARIA · CORSICA · Rome · ALBANIA · Naples · GREECE · TURKEY · SARDINIA · RIC Is · BRIC Is · Messina · SICILY · RHODES · CYPRUS · SYRIA · Algiers · Tunis · PANTELLERIA · MALTA · CRETE · LEBANON · TUNISIA · MEDITERRANEAN SEA · PALESTINE · GERIA · Tripoli · Benghazi · Tobruk · TRANS-JORDAN · Suez Canal · El Alamein · Cairo · SAUDI ARABIA · LIBYA · EGYPT

Legend:
GERMAN-ITALIAN PANZER ARMY RETREAT, NOV., 1942–FEB. 1943
BRITISH EIGHTH ARMY PURSUIT
ALLIED LANDINGS AND ADVANCE TO TUNISIA, NOV., 1942
GERMAN LANDINGS NOV., 1942

1942年11月8日，当陆军元帅埃尔温·隆美尔的轴心国部队在阿拉曼（右下）遭到失败之后，开始从埃及撤退第4天时，盟军的三支特遣舰队运载着10.7万人（其中3/4的美军和1/4的英军），开始在法属北非的卡萨布兰卡、奥兰、阿尔及尔的海滩登陆。他们的目的是迅速使法国维希政府的部队中立，向东突入突尼斯，并且关上隆美尔的德意坦克部队的后门。现在，双方开始了一场为了得到突尼斯的竞跑。隆美尔向西撤退，

在英国第8集团军紧紧尾随下横穿利比亚，此时，德国人将部队进驻比塞大、斯法克斯和加贝斯，以阻止盟军的挺进，于是，他们与从西面向突尼斯袭来的英国第1集团军混战在一起。到了1943年2月，随着隆美尔的残余部队在麦里斯防线后面构筑工事，新组建的第5坦克军团又返回到突尼斯东部的多塞尔山区，处在居高临下的态势，从而为在北非这最后数月的决战搭好了舞台。

军团提供补养的船队。

对于轴心国船只来说，一个主要的障碍是英帝国的殖民地马耳他，该岛国位于西西里、利比亚和突尼斯之间，直接威胁着轴心国通往非洲的运输线。英国皇家空军的飞机以及英国战舰和潜艇从马耳他出发粉碎了轴心国再次提供补给的努力。不久，运给隆美尔的 3/4 的装备和援军在这条航线上损失，据估计，沉入地中海底的德国坦克是抵达非洲前线的两倍。

因此，当隆美尔在 1942 年夏天对英军的追逐已使他几乎看到金字塔时，却缺乏足够的人力和军火更进一步，最致命的是他缺少提供给他的机械化部队的汽油。相反，对手第 8 集团军的势力却日益增强，并且拥有了其所需的、有魄力的新指挥官——陆军中将伯纳德·劳·蒙哥马利。

在 8 月底德军对英军防线的攻击已将燃料耗尽。当蒙哥马利也无法进行反击的时候，一个历时一个月的僵局在沙漠上出现——这是 4 个月以来，疲惫不堪的轴心国士兵第一次有机会得到休息，得以支撑他们的防御和重新进行部署。隆美尔本人在沙漠里已经待了 20 个月，远远超过了比他年轻一半的青年官员和士兵。于是，过度的劳累开始显现出来。

隆美尔最终听从了他的医生的忠告，返回家乡休息和治疗危险的低血压、慢性胃炎和沙漠疮。在归途中，他在罗马停留，恳求墨索里尼提供援军和补给。这位领袖回忆说，隆美尔似乎"身体和精神上都发生了动摇"。面对隆美尔对物资的急切要求，希特勒赠予隆美尔战地元帅杖。对隆美尔有关局势的暗淡评估，元首不为所动。"不必着急，"希特勒告诉他，"我打算给非洲所有需要的支持。"

实际上，到了 1942 年 10 月，英国第 8 集团军在兵力和坦克数量上已取得 2∶1 的优势，地面火炮更是德国的 3 倍。英国皇家空军的飞机数量是德国空军的两倍，具有制空权。蒙哥马利已做好最后的准备。阿拉曼之战的爆发，编织了第一次世界大战以来最大的一张炮火网。隆美尔是在第二天黄昏返回他的指挥所的。他的第一个反应就是："十分明显，从现在开始英国将一点一点地吃掉我们。"

时间一到，事实便证明他是对的。"阿拉曼是在战斗开始之前就丢掉了，"隆美尔的参谋约翰·克莱莫将军说，"我们没有足够的汽油。"另一位主要军官福里兹贝·叶尔兰将军回忆道："隆美尔无能为力，他接手了一场将其所有储备全部耗尽的战斗。没有任何可能做出改变事件进程的决定。"在一周之内，被炮火炸得焦头烂额的轴心国部队从自己的阵地上被赶了出去。军事史上，最大规模之一的大撤退开始了。对于非洲军团的一些成员来说，这是他们第四次穿越充满敌意和干渴的撒哈拉沙漠。

隆美尔从未得到足够的补给使他能站稳脚跟，让他自己能进行反击，他甚至没有足够的燃料使他现有的装甲部队按照命令撤退到后方。大撤退在一条沿着沿海岸铺设的道路上陷入乱糟糟的交通拥堵状态，而被英国皇家空军的飞机任意进行攻击。同时，英国军队侧翼运动的威胁总是存在，这很可能包围和击溃整个德军。

似乎这些还不足以说明问题，隆美尔所指挥的是一个德国和意大利军事单位的大杂烩，他们得到的战斗命令常常被修改。超过一半的军队士兵是意大利人，但是在德国人眼里他们微不足道。德国人对他们盟友的蔑视可以用隆美尔的参谋长、陆军上校西格弗里德·韦斯特法尔的话来概括，他认为意大利士兵"有时候"是勇敢的，但是"他们倾向感情用事，这使他们缺少稳定性，而这对于士兵而言稳定性是必不可少的，在困境当中尤其如此"。韦斯特法尔讽刺地说道："只有在前面没什么障碍的时候，他们才会在进攻中猛打猛冲。"

通常在战地指挥当中，隆美尔不得不向他名义上的意大利上级讲清楚他的主要决定，意大利将军再将此汇报给在罗马的高级指挥官。而他们的决定往往反映的是墨索里尼和希特勒在政治上优先考虑的事，而非战争实际。更让隆美尔苦恼的是，在物资供给上，他还不得不依赖他们。

这种错综复杂的指挥结构和重叠不一的权威将北非的防务破坏殆尽。甚至在大撤退刚刚开始的时候，一份来自希特勒的夸夸其谈的命令就到了："必须坚守在

在从埃及仓皇出逃，并穿过利比亚的途中，两个德国非洲军团的老兵极度疲惫地倒在自己的军车里酣睡。在阿拉曼战役中遭受的巨大损失以及沿途的损耗，基本上摧毁了隆美尔的战斗力。他的两个坦克师由最初的370辆坦克到此时只剩下了11辆。

阿拉曼直到最后一人。不能撤退，即使是一毫米。要么胜利，要么死亡！"

隆美尔的上级、元帅阿尔贝特·凯塞林授权他不要理睬希特勒的命令，但这于事无补。被极大削弱了的坦克部队已无法掩护沿着早已拥挤不堪的沿海道路撤退的无组织的步兵。所以，隆美尔除了让他的徒步士兵穿越无情的沙漠以拯救自己以外，别无选择。

当时隆美尔估计，大约有7万名轴心国军人保存下来，分散的军事单位遭受了重大减员：两个坦克师只剩下2200人和11辆坦克；其他的师只有1800人左右；

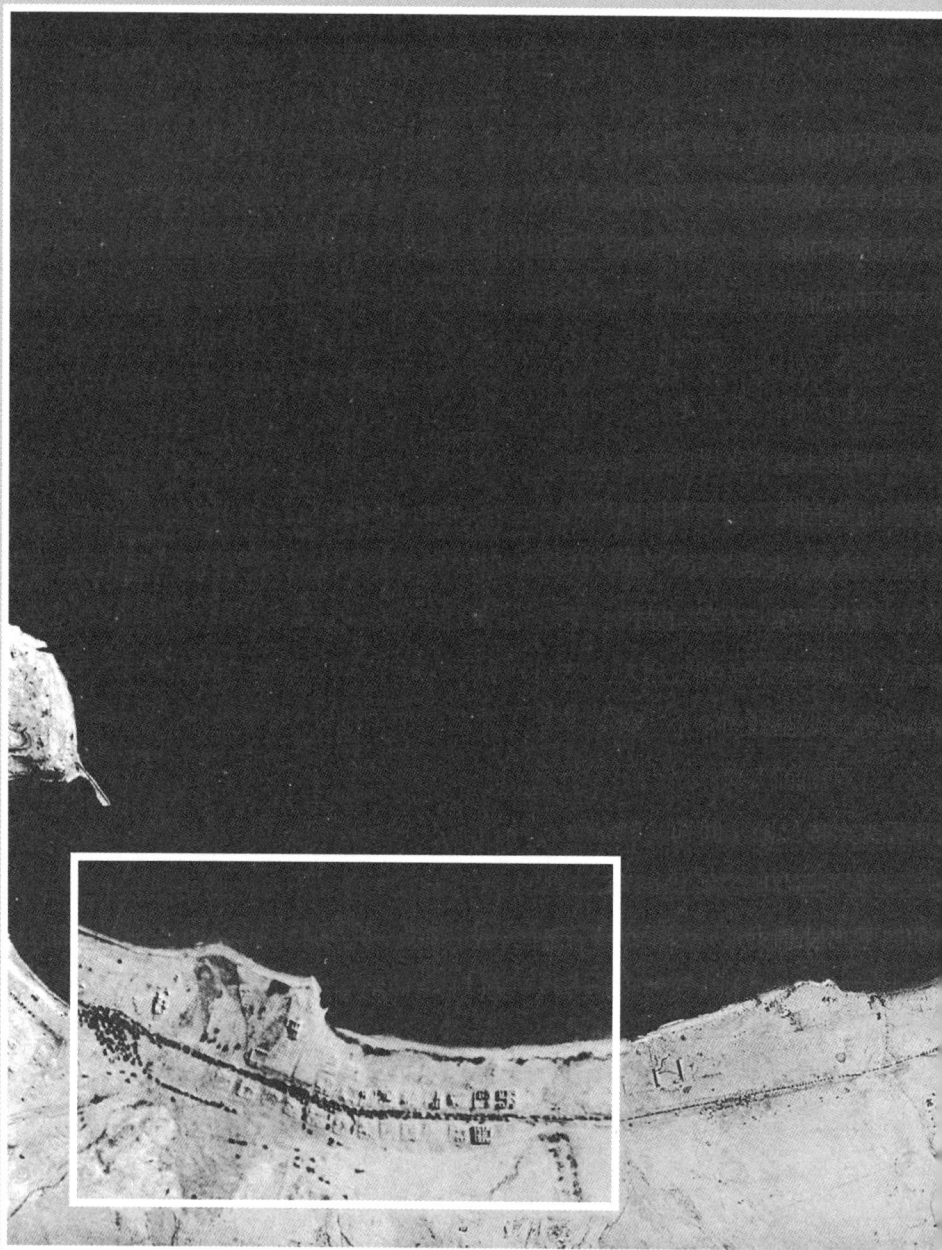

这是一幅航空侦察照片。左下的插图是被放大的，显示出当隆美尔的部队于
11 月 11 日奋力到达索伦姆（左下方）和利比亚时，非洲军团的车辆在沿埃及滨
海路上拥堵了 40 英里路。

莱姆克斯的伞兵旅只留下600个幸存者，他们已与大部队失散，正挣扎着通过开阔的沙漠，向南返回。在整个德国军队中，仅有25门反坦克炮保留下来，这难以完成阻挡数百辆英军坦克的任务。

在撤退的最初关键几天，德国非洲军团之所以能幸存下来，部分原因是由于隆美尔要求部队开始撤离的速度较快。而既没有准备计划，同时阿拉曼战役之后士兵又极为疲惫，蒙哥马利便推迟了他的追击，用他的话说就是推迟了"收拾"战场。英国皇家空军也没有充分利用他们的空中优势，甚至上天也伸出了援助之手，赐予隆美尔两天的倾盆大雨，使已经离开公路试图从侧翼追击他的对手陷入了沙地泥沼。

但是现在，一支前所未见的庞大舰队已经将10万以上的英美部队，在距隆美尔后方2000公里的法属摩洛哥和阿尔及利亚送上海滩。一个巨大的钳子正在攫住德国非洲军团，而其两扇夹子则在紧紧压迫下来。

在无情但又经常是无组织的英军追赶下，德国人穿过利比亚，进入突尼斯一路向西撤退。日复一日，有时以小到以班为单位缺员的德国军队竟然能使第8集团军的侦察巡逻延缓并受挫，保持了对高速路的控制，而且阻止了运输车队的前进。

也许所有这些防御中最有效的是坦克师的工兵们，他们将普通的埋雷技术发展成了具有魔鬼般的震慑力。在道路、房屋、沟渠、堤坝，所有地方都可以上演这种好戏。有时他们埋设网络状的伪装地雷诱骗盟军的工兵产生足够的自信,示意部队踏入埋在假雷远处的真雷阵。德国工兵还学会让所有东西都变成饵雷,包括门道、焚毁的车辆、废弃的枪支、军官使用的精致皮制地图包,直到英国士兵变得害怕接触任何东西。一种被称为"弹跳的贝蒂"的新型S地雷,可以将弹片以腰部的高度向四周40码范围内散射,已证明具有特别的杀伤力。凭借着狡诈和勇气,这些埋雷小分队延缓了他们敌人的前进步伐,从而为自己部队的撤退、重整和持续下去争得了足够的时间。从托布鲁克向摩萨布里加延伸了400公里,隆美尔可以说此大话:他几乎没有损失一个人,但是他面临的形势依然是绝望的。

对于那些为了保存自己而在沙漠中向南而去的步兵来说,情况更加糟糕。2.5万名意大利军人整体投降。但是,就是在那儿,也发生了神奇的插曲,莱姆克斯将军的伞兵旅每个人仅带着半品脱的水,以时速60公里的急行军沿海岸公路冲向富卡,碰巧撞上了英军的运输队,他们全部将其截获,其中有卡车、汽油、水、咸牛肉、菠萝罐头和香烟。然后这600名士兵奋力穿越200公里的沙漠,得以追上大部队,向吃惊不小的隆美尔报到。

9月23日,隆美尔的部队到达相对安全的摩萨布里加一线,这里正好位于埃及与突尼斯之间的一半路程。这儿是可以用来防守的最后一个阵地。隆美尔十分清楚,他的部队太虚弱了,无法尝试一次长久的防御,也不能单独进行反击。但是他也知道，蒙哥马利在发动一场可靠的进攻之前，也需要时间来稳固他延长了的补给线。

　　隆美尔知道，德国和意大利的援军已经开始涌入突尼斯，在他部队的后方阻挡住盟军由西而来的推进。隆美尔对自己总是被极端忽视，以及来自德国武装力量统帅部（OKW）、意大利最高统帅部的瞎指挥、操作失误、偏见和对替罪羊没完没了的寻找，已经十分厌倦，他决定再次飞往位于东普鲁士的希特勒的"狼堡"。他希望能赢得希特勒的认可，来制定一项能够避免灾难的计划。他所能指挥的部队仅仅为阿拉曼战役之前战斗力量的1/3——也就是一个师。现在当意大利最高统帅部在利比亚的代表、意大利元帅艾托里·巴斯蒂可向他转呈一项"在摩萨布里加抵抗到底"的命令时，隆美尔尖刻地回答道："我们要么早4天失掉阵地，保住部队，要么晚4天丢掉阵地和部队。"这已很清楚，现在是到了尽力迫使最高指挥官面对现实的时候了。

　　隆美尔与元首的会见是在9月28日，参加会见的还有德国元帅赫尔曼·戈林。这次访问的时机有些不合时宜。在苏联前线，德国第6集团军此时在斯大林格勒正好陷入重围，希特勒和戈林因这场灾难而陷入苦恼之中。隆美尔在会见的气氛中感觉到一种"明显的寒意"。他曾试图提出一个合乎逻辑的长期战略以挽救在北非的颓势。首先，他准备立即放弃利比亚的其他部分，以便有利于确保加贝斯的防御阵地，这里是通向突尼斯海岸的第三条路径。这将使蒙哥马利要用很长时间来带领一支具有攻击规模的部队前进，而加贝斯由于朝向名为特选瑞得的广阔的盐水沼泽地而免受侧翼的进攻。受此保护，隆美尔能够联合在突尼斯新近组成的轴心国部队，攻击那些正在向东打通穿越突尼斯之路的、缺乏经验的盟军，还可能将他们彻底赶回阿尔及利亚。一旦达到此目的，他得到增援的坦克就可以掉转头来，集中力量再次对付第 8 集团军。

　　然而，隆美尔并没有如此这般来陈述他的想法，而是简化了他的理由，过快地得出了他的最终观点：从长远考虑，北非将不得不被放弃，最好的办法就是在敌人的力量得到加强以前，进行像敦克尔刻那样的大撤退。"仅仅是这战略问题的提及，就如同一个火星掉进了火药桶，"隆美尔在他的回忆录写道，"元首雷霆震怒，对我们发动了一场完全没有根据的攻击。"希特勒和戈林转而指责隆美尔在没有必要的情况下逃跑，丢弃了他的装甲部队，抛弃了枪支。"我不再想从你的嘴里听到这样的垃圾！"希特勒咆哮道，"北非将像斯大林格勒要做的那样，进行防御。这是一道命令，陆军元帅先生，除了和你谈话外，我还有其他事情要做。"隆美尔向希特勒敬礼，然后急向后转。还有另外一段插曲的描述：希特勒从后面追了上来，将手收在隆美尔的肩上。"你一定要原谅我，"他说，"我处在非常紧张的状态。明天你来找我，我们来冷静地谈谈这件事。"

南方前线

　　海茵克式111轰炸机的机翼掠过利比亚班加西圆形屋顶的港口建筑。隆美尔在11月20日将这座城市放弃给了挺进中的英军，匆忙退到伊艾菲拉以南附近的古老的、便于防守的摩萨布里加防线。在那儿，他阻挡了蒙哥马利的第8集团军近3个星期。

　　可这之后，希特勒却让隆美尔与戈林商谈，并交代说："务必向非洲军团提供隆美尔所需要的一切。"这位元首二把手的德国空军司令，邀请隆美尔及其妻子随他乘坐其私人专列去罗马旅行。可是所有戈林愿意谈的都是关于他的珠宝，以及他在回程时装载绘画和雕塑作品的计划。让隆美尔沮丧的是，他无法让戈林与他谈论他的军事难题。

　　盟军这次代号为"火炬行动"的登陆，是一次后勤方面的杰作。500多艘英美船只从直布罗陀海峡涌出、散开，它们在未被德国侦察船只和飞机发现的情况下，将8.3万名美军和2.6万名英军送至卡萨布兰卡、奥兰、阿尔及尔四周的登陆点。德国人对这一情况茫然不知，直到最后一分钟。有关盟军海军这次不同寻常的大规模运输的报道，被德国人设想为目的地是马耳他的又一次航行。希特勒不相信盟军会在法属北非登陆，理由是，如果来自海上的攻击发生，撒丁岛或者法国南部应该是符合逻辑的目标。

　　这次登陆导致了一次复杂而危险的外交纠纷。1940年法国投降的条款中特别规定：法国殖民地保持名义上的独立，尽管它们从属于维希政府。这意味着在摩洛哥或阿尔及尔没有一名德国或意大利的士兵来抵抗盟军的登陆。一些以为他们会被当作解放者而受到欢迎的美国士兵一边涉水冲向海滩，一边大声叫喊着："不要开枪！我们是你们的朋友。我们是美国人。"

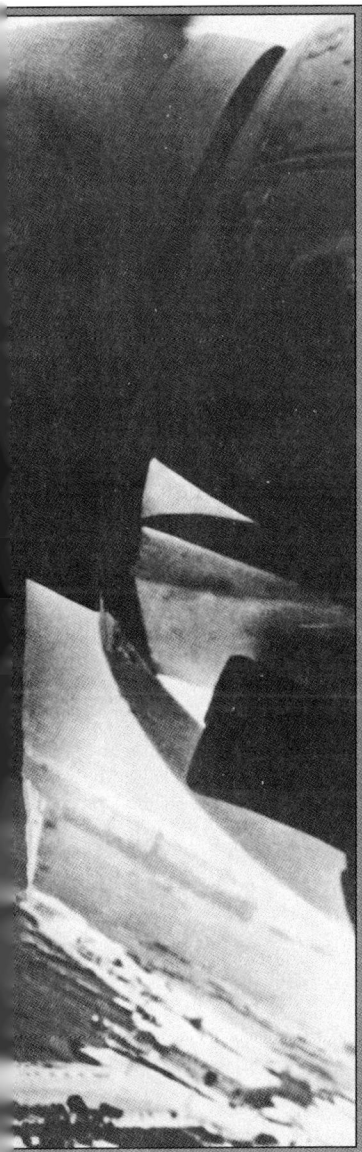

　　事情并不是那么简单。法国殖民地是在军事管制之下，虽然几乎没有亲纳粹的官员，但很多人反对英国。如果他们倒向盟国，维希政府将被德国除掉，法国的殖民地在理论上的独立将迅速结束。正是预见到了这种困境，温斯顿·丘吉尔才宣称，北非的第一场冲突将是一场"不是要与法国战斗的战斗"。

　　因此，怀着得到法国人支持的希望，美国将军马克·克拉克从一艘英国潜艇上坐小船登陆，与美国驻维希政府的参赞罗伯特·摩菲以及一位亲美的法国将军进行了秘密会晤。他们是在阿尔及利亚海岸一座孤立的别墅里谈话的。克拉克不能详谈他的计划，因此，当突袭部队已经开始在三个登陆点四周包围运动时，法国人的回答是一切取决于当地指挥官是战是降的决定。在一些地方，法国军官命令部队不战而降，但是在阿尔及尔，两艘试图运送美军步兵登陆的英国驱逐舰却受到来自海岸炮群的摧毁性打击，一艘船沉了，另一艘不得不撤退。在奥兰，另外两艘运载军队的船则受到法国巡逻艇的突然袭击，随后沉没，造成了严重的人员损失。在奥兰附近机场的一项与英国伞兵会合的作战计划也出了偏差，美国第2军的总共3.9万大军登陆后，用了48个小时才好不容易控制了该市。在卡萨布兰卡，由乔治·巴顿指挥的登陆部队遇到了更为猛烈的抵抗。当盟军士兵试图登上他们的登陆艇的时候，3.5万吨的法国战列舰"简巴特号"用4门15英寸的火炮进行了攻击，而另外由

7 艘驱逐舰、8 艘潜水艇和 1 艘巡洋舰组成的特遣舰队则攻击了运兵船。

尽管遇到了抵抗，但所有 3 个登陆点在 11 月 11 日全部被占领。可是这并没有消除盟军的危机。当地的法国指挥官并不知道要执行谁的命令，或这命令来自何处。正常情况下，在阿尔及尔的军事指挥官艾尔冯斯－皮埃尔·朱安，此人从感情上是亲盟军的。但是命运作祟，维希政权的第二号人物，亲贝当且反英的让·弗兰考斯·达尔兰将军刚巧到达北非，来探视他病中的儿子。

摩菲派了一名法国官员以国家紧急事务为由，去请达尔兰到朱安的总部。这是一个圈套：当他一到那里，就被很客气地逮捕，而且被迫改变了他的立场。在几小时之内，达尔兰命令所有法国军队停止抵抗。在一系列的报复中，10 个德国师和 6 个意大利师接管了以前未被占领的法国南部。一支德国前卫军进入突尼斯以保护港口不被占领。然而，一个以达尔兰为首的、愿意与盟军合作的临时政府，仍然在 3 日之内建立起来，而且在一周之内，在这一地区的绝大多数尚未向德国投降的法国军队，也加入了盟军行列。

迅速登陆带来的安全感以及由于法国军队转向造成的相对轻松，都使盟军产生了错误的自信。他们认为，在几星期内，占领突尼斯和比塞大的任务将能完成，剩下的就是准备进攻欧洲的地面工作。但是，他们低估了轴心国反应的速度和强度，而且可能同样严重的是，他们误算了在突尼斯作战的难度。这里的地形多为陡峭的山地，而平缓的河谷要么是沼泽地，要么是荒滩，很容易受到纵深炮火的攻击。谷地过道狭窄，长满了灌木丛，为设伏提供了便利。铺设好的道路非常少，所以谁控制这些路口，谁就将主宰战斗的进程。断裂的地形使防御者可以一个山梁一个山梁地且战且退，而山梁则可以控制下面的山谷。

1942 年的 11 月气候多风而寒冷，低悬的云层妨碍了空中支援。军队在行进中，似乎无休止的下雨，使地面变成了泥浆，将士兵的靴子从脚上拔了下来，没过了坦克的履带。这与部队过去曾听到的潇洒而随心所欲的沙漠战争相去甚远，据说，那是一种每日推进 50 公里、宽面扫荡式的遭遇战，打起来像是在沙漠上的海战。德军久经战争磨炼，他们中的一部分是从俄罗斯前线调往突尼斯的，他们迅速适应了这些艰苦的条件。而那些不合时令的美国和英国人毫无准备地跳下船来，难免不受到一些麻烦的袭扰。

甚至在那些登陆点被盟军控制以前，德国高级军官就已经意识到这一威胁的严重性和重要性。当法国人仍然在犹豫究竟倒向何方的时候，德国空军就确保了突尼斯机场的安全，并开始降落战斗机、斯图卡俯冲轰炸机和容克部队运输机。到了 11 月 15 日，这儿部署了一个团的兵力；截至月底，1.5 万名士兵飞抵这里。德国最高统帅部命令华尔特·内林将军组织这些部队立即形

意大利新抵达突尼斯的部队在排队领取沙漠地区的用品和服装。从1942年11月到1943年1月，包括3.1万名意大利军人在内的近11.2万名轴心国部队被船运到非洲西北，以加强那里脆弱的防线。

成防御力量。这位中将去年夏天在非洲军团的作战中，一只手臂受伤，刚刚康复。

为了突尼斯的竞赛开始了。从理论上讲，这是一场极为不平等的战斗：内林估计敌人的总兵力在9到13个师之间，虽然其中只有一小部分可以立即投入进攻，即使加上当地的空中优势，以德军两个拼凑的伞兵营也不足以维持一条防线，而只能形成一些防卫要点。盟军的攻击任务分给了曾占领阿尔及尔的东突击部队，其中还包括美军第一装甲师。这支部队是在登陆前的3天之内重组的，此时已经通过陆地、空中和海上向东挺

进。一支水陆两栖小队受命占领沿北海岸的港口，作为
孤立比塞大和突尼斯的第一步。

最初，盟军进展神速，这是因为内林除了坚守紧
靠他的海岸出发地和供应基地的防御要点之外，他别无
选择。这意味着他的最佳选择就是力图在比塞大和突尼
斯的门口阻挡住盟军。他指派由鲁道夫·维特兹格少校
指挥的伞兵工程在比塞大西南从马图尔到迪拜·阿比奥
德的道路上进行挖掘。他们这样做，就阻止了英国第
78步兵师突进部队的前进步伐。通过一次精彩的后卫
行动，他们将英国人压制在一条道路和铁路隧道的进出
口。英军被钳制在那里直到次年元月。

内林将军还面对着另一个他必须立即对付的威胁。
突尼斯以南大约200公里的沿海城市戈比司，只是由约
瑟夫·怀维特将军指挥下的一些装备很差的法国军队在
驻守。如果英军和美军抵达这一带海岸，内林与隆美尔
部队会合的机会就将丧失，同时也就丧失了任何进行真
正反击的机会。唯一的希望就寄托在中将的空中突袭。
科克上校的第5伞兵团，是第一批到达突尼斯的部队。
11月17日，他们的首次着陆尝试由于遭遇到猛烈的高
射机枪火力而失败。但是第二天他们成功了。法国人逃
走了，德国人控制了机场。

3天以后，第一个美国坦克巡逻队到达戈比司的边
缘。科克的一小股伞兵将他们阻挡在海湾一带，直到意
大利苏珀加师的两个营有足够时间来增援他们。美国人

这几幅美军和德
军装甲部队交锋的画
面取材于1942年12
月初美国陆军通信兵
摄影师在两军为争夺
特波尔巴的激战中所
拍摄的新闻短片。在
第一个画面中（从左
至右看），德军一门
藏在草堆里的88毫
米火炮向从左上方逼
近的美军坦克开火。
于是，盟军的火炮找
到了这门炮的位置，
打燃了干草堆，并击
退了几辆为躲避炮弹
在那里徘徊的潘泽儿
Ⅵ型坦克。撤退是暂
时的，德军装甲部队
不久就猛扑回来，将
缺乏经验的盟军赶向
突尼斯。这个摄影队
由好莱坞大师戴瑞
尔·F.赞纳克领导，
他在战争期间被提升
为上校。

退了回去，戈比司和一条沿海的环形防御带暂时安全了。

当这些小规模战斗发生的时候，更多轴心国的军队由飞机和船只运抵突尼斯和比塞大，同时德国空军也提供了极为重要的空中保护。对于突尼斯自身的防护，内林征召了一个新团，该团由华泽尔·拜仁辛上校指挥。这个团 11 月 20 日到达，并立即开始加强这条守备薄弱的防线——从向南 20 英里的马图尔一直延伸到突尼斯以西 19 英里的替波耳巴十字路口城。

11 月 26 日的第一轮突袭中，有足够兵力可以潇洒地一路杀向比塞大的整个英国第 36 守备旅，迅猛地攻击拜仁辛的一个营。但是突然间，英军撤退了，并开始构筑自己的防护工事。原来，一个阿拉伯酋长错误地警告英国人说，他们面对的是一个从克莱特来的精锐伞兵团。这不是第一次，也不是最后一次阿拉伯人有意帮助德国人来扰乱盟军。阿拉伯人愿意与交战双方进行易货贸易，或向其中的任意一方出售食品，他们不偏不倚地剥去战死者的武器和军装，但总的来说，他们情愿选择德国人而非他们的殖民宗主国的朋友。

3 天以后，英军再次发动进攻，但拜仁辛此时已得到增援，可以将他们阻挡住。可是，在拜仁辛的侧翼，科克的伞兵部队却在远离替波耳巴数公里的麦得杰司－奥－巴布城中搜索，从而将整个环形防线置于危险之中。当时，他们直接冲入英军第 36 旅和美军第 1 装甲师的辖区。激烈的拉锯战在城中展开，德国人发现他们处于劣势。

一旦德国人被击退，通往替波耳巴及远方的道路就被打开。美国人迅速地利用这个突破口：由约翰·K.沃特中校指挥的M-3型轻型坦克营以飞快的速度穿过这座城市，令他们自己都感到吃惊的是，他们迅速地占领了一座不设防的机场，里面还存放着38架麦瑟斯克密特和容克飞机。除了两架飞机外，美国人摧毁了所有飞机和他们的机库以及机械部。

看上去，盟军似乎11月底要在突尼斯站稳，但这时他们碰上了德国的88毫米火炮。这大概是这场战争中所使用的最好的火器，这种炮最初设计是用来防空的高射炮，但随着其枪管放低，它对坦克具有巨大的杀伤力。"它可以像穿奶油一样穿透我们所有的坦克。"一位英军士兵说。

在接下来的几天里，猛烈的战斗在整个战线上此起彼伏地展开。内林不得不调遣一支步兵分队去包围一支由500人组成的盟军两栖部队，他们是在比塞大以西的凯普瑟莱特附近登陆的；另一支由意大利步兵支援的德军俘房了大约500名英军伞兵，他们则是在突尼斯防线上试图发现一处薄弱环节而跃入麦得杰司－奥－巴布城南部的。替波耳巴周围的惨烈战斗在持续着，但是在这里被围困的内林最终得到了一些真正的援助。属于沃尔福冈·菲舍尔将军的第10坦克师的一些精锐部队，正在比塞大和突尼斯登陆，已做好向任意方位运动的准备。他们的武器包括第一分队的 63 吨位的虎式坦克，它的装甲难以被穿透，并配备有 88 毫米口径的火炮。

所有能被移动的东西都被投入了这场持续 4 天的疯狂战斗，人数占优的德国人取得了决定性的胜利。所有盟军的参战部队，包括英军第 11 旅和美军战斗部队 B，丢失了他们所有的装备，美军第 18 步兵团损失惨重，而一个英军营被消灭，1100 人被俘，损失了 134 辆盟军坦克、40 挺机枪和 47 架飞机。这无论对于盟军的战争计划还是士气都是一个严重的打击。在圣诞节前夕，盟军试图再次攻占迪拜阿马拉，这被他们视为具有决定意义的制高点，可以俯视突尼斯，而且还能控制两条通向该市的重要道路。经过一场浸泡在雨水里的严酷夜战，突袭再次被击退。最终，这场突尼斯争夺战，以轴心国军队的胜利而告结束。

然而，除了希特勒、墨索里尼和凯塞林，其他的人都十分清楚，非洲军团并不能永远抵抗敌人。随着越来越多援军的到来，盟军已经在人力和装备上占据了优势，而且他们也不会总是处于无经验状态。当沿着替波耳巴战线的战斗在进一步发展的时候，希特勒从俄罗斯召回普鲁士将军于尔根·冯·阿尼姆开辟突尼斯第二战线，并为这新的部队建制命名为第 5 坦克军团。可是阿尼姆与隆美尔的隶属关系并未确定，这使原本就很混乱的轴心国指挥系统更增加了一种摩擦。

当 12 月 9 日阿尼姆接替内林将军时，德国和意大

在第10坦克师将没有经验的英军和美军从具有战略价值的道路和铁路枢纽赶走后，一支德军的先遣队逼近了泰布尔拜。德军发起的反攻基本上消灭了在泰布尔拜的盟军，摧毁坦克100多辆，俘虏士兵1100人。

利的运输指挥部正充分利用突尼斯和比塞大的主要港口设施和全天候机场。到了年底，7个步兵营、两个武装侦察连、若干野战炮兵连和一批坦克（包括一些潘泽儿巨型 VI 虎式坦克）已经登陆。随着大战中最猛烈的战斗开始交火，轴心国已拥有地面部队10万余人，其中包括新近到达的令人生畏的第10坦克师。

如果这些兵力的一半在两个月以前能够增援隆美尔，他也许已经在开罗的谢菲尔德饭店吃圣诞晚宴了。相反，当时他的汽油几乎耗尽，实际上已失去机动能力。他的一名参谋估计，在11月份，他们的部队只有

一个新品牌

虎式坦克的怒吼

63吨重的潘泽儿VI虎式I型坦克，是德国人用来对付在北非的西部盟军的，它是希特勒第一批超级武器之一。德国装甲部队的专家长久以来要求装备重型坦克。元首对汉斯凯尔公司在他1942年4月20日的生日所展示的模型，印象非常深刻，并命令一旦实验完成，立即开始生产。

装备着100毫米厚的前装甲，并配有德国空军可怕的88毫米高射机枪的可矫正装置，虎式坦克是一种令人畏惧的武器。但是，它的这些优点使它造价昂贵，并妨碍了它在战地的行动。它的笨重的炮塔旋转起来十分缓慢。其最高的越野速度不过每小时12英里，而且每英里耗费2.75加仑燃料，坦克的机动性是有限的。但是它的杀伤力和厚实的包装完全遮盖了它的缺点，并使得盟军士兵在这个庞然大物隆隆驶进战场时，畏缩不前。

潘泽儿VI虎式I型坦克

这种坦克像III型和IV型一样，有5名乘务员——驾驶员、无线电话务员在前舱；机枪手、装弹手和指挥员在炮塔内。在战斗中，无线电话务员操作机关枪，而另外3个炮塔人员合作选择，观察和用令人生畏的88毫米火炮捕杀目标。利用脚踏板，炮塔枪手还可以用第二挺机枪进行射击。

1. 88毫米火炮
2. 炮塔机枪
3. 潜望镜
4. 无线电话务员舱盖
5. 车档
6. 液压方向盘
7. 加速器
8. 前进和倒车挡
9. 刹车
10. 离合器
11. 手刹
12. 排气管
13. 瞭望口
14. 炮塔机枪
15. 双筒望远镜
16. 旋转手轮

2.5 万名可靠性值得怀疑的意大利人和 1 万名德国兵，而其装甲部队只有 100 辆坦克，漫长的摩萨布里加战线是不可能以如此薄弱的兵力来防守的。但是，隆美尔怀疑他有无能力成功地进行一次向第二个防御阵地——布莱特的撤退。即使是撤退，他一天也需要 400 吨燃料、50 吨军火和另外 50 吨食物和供给。如果有一天他收到了这个数目的 1/4，那就算是幸运了，然而基本没有什么改善的希望。仅仅在 12 月期间，5883 吨燃料、262 吨军火和 447 吨其他物资沉到了通往利比亚的航线上。虽然隆美尔并不知情，可他有个无形的对手 Ultra，它让英国人破译了轴心国运输计划中将使用航线的有关无线电情报。

　　隆美尔依然遭受来自德国最高统帅部和罗马最高

被调往突尼斯指挥新的第 5 坦克军团的于尔根·冯·阿尼姆将军（左），正在突尼斯防线的要害点——彭杜法赫斯的一个指挥所，和他手下的师长之一——福雷德里克·威伯上校商谈。

一群德国和意大利军官在一个观察哨所研究盟军的部署。戴着羽毛头盔的意大利人属于精锐的伯萨格里瑞步兵团队。第5伯萨格里瑞步兵师和来自意大利森淘罗师的坦克，参加了隆美尔在凯瑟林通道发起的3月攻势。

指挥部不切实际命令的责问："在摩萨布里加坚持到最后时刻，不能从的黎波里撤退。"从与希特勒进行了那场糟糕的会谈后返回非洲的那天起，隆美尔就已经预见到了这种处境。"我意识到，我们现在又彻底地依赖于我们的资源，"隆美尔后来写道，"而且为了使部队不因这些疯狂的命令之类的事情而遭受毁灭，我们需要调动自己全部的技能。"

一次又一次，隆美尔这位反击大师不得不眼睁睁地看着英国人进行穿插和侧翼调动。如果他有机动能力，他是能够将其消灭的。他看着他的军队一次次粉碎敌人包围的同时，在等待着足够的燃料，以使他们能通过这最后的空隙撤退。他的半饥饿部队掺入到 11 月下旬从摩萨布里加防线返回的意大利步兵的行列，继续撤退，直到 12 月 13 日，最后一名防守士兵也放弃了防线。到了圣诞节，即使是后卫部队也抵达了距布莱特以东几英里的瑟特。

"我们在木棍上挖一些孔，再插上骆驼刺的枝条，拼凑成圣诞树，"一位幸存者回忆道，"我们用银色的纸来装饰这树，还自制了一种蜡烛。作为圣诞食品，我们每人得到了 3 支香烟——我们都把它们保存起来一段时间。轻轻一邮袋家信被拿了出来，这些信是最好的圣诞礼物。"距离这里几公里远，一直尾随德军撤退的新西兰巡逻队也扎营下来享用圣诞晚餐，菜肴有火鸡和烤猪肉、新鲜蔬菜、葡萄布丁，以及每人两瓶啤酒。

在布莱特，隆美尔得以稍微休息一下。班加西的一场冬季风暴将船坞摧毁，使许多英国补给船只破损或沉没，因此延缓了蒙哥马利的追赶。但是到了 1 月中，隆美尔疲惫不堪的部队再次开始运动。他得到命令，将其精锐的第 21 坦克师划归阿尼姆指挥；他的保留部队，在新西兰军队侧翼的不断运动威逼下，于 1 月 19 日到达塔胡纳－霍姆斯，23 日抵达的黎波里。

由于一路逆顶寒风，他们最终在 2 月 4 日才进入突尼斯。再有 100 英里他们就可以到达麦里斯防线，这是一条位于大海和一片荒山之间的、容易防守的走廊。

戴着特点鲜明的碗状钢盔的德国伞兵正在准备冲出他们用来防御的蛇腹形铁丝网，并发起突袭。在突尼斯北部阿尼姆将军的部队中有两个作为普通步兵作战的空降团。他们对向比塞大挺进的盟军部队进行了反击。

在那里，1500 英里的撤退将终止，非洲军团将掉转头来面对英军。隆美尔得空给他的妻子写信："我简直无法告诉你，对我而言进行这场撤退有多么难，这难言之苦伴随始终。从早到晚，我都被这样的念头折磨着：'在非洲，难道事情真的从这里恶化吗！'我极度沮丧，以致无法工作。"

第二天，意大利最高统帅部通知隆美尔，由于他的健康状况欠佳，一旦他的部队到达麦里斯，他的职务就将被解除。焦万尼·迈斯，一个来自意大利的将军被从俄罗斯前线调回来替换他。这项命令送到隆美尔手中的那天，不合时宜的刚巧是实际应交接职位的日子。

甚至在非洲军团抵达麦里斯防线之后，这支疲倦的部队也没有时间得到喘息。战前由法国人修筑的摇摇欲坠的防御工事连接的丘陵和沼泽，需要在英军第 8 集团军不可避免的进攻之前投入大量的准备工作。不过，那里甚至还存在着更迫切的危机。在隆美尔的背后，盟军部队已抵达加夫萨城，这里距海岸不足 100 英里。在他们前面将是一片自北向南绵延 200 英里的山区——东多塞尔，它与突尼斯东海岸大约 60 英里的内陆相平行。一旦盟军潮水般地通过东多塞尔关口，阿尼姆部队通往北部与隆美尔部队的会合就很容易被割断，这样将永远失去好不容易赢得的突尼斯桥头堡。罗马最高统帅部最终批准了隆美尔的提议，即发动一场较大的钳型攻势。在被称为"春之风"的战役计划中，阿尼姆的第 5 军将向西挺进，保护法得和斯地－博－淄得，并在那里阻止盟军的接近。而在名为"早晨的空气"的作战计划中，将由德国和意大利部队封堵盟军在加夫萨一带的推进，旨在把盟军赶回西多塞尔，这里与东多塞尔被一片广阔的平原割开。

阿尼姆至少可以在距攻击点较近的地方发动攻势，他有装备相对好的第 10 和第 21 坦克师。可是对于隆美尔来说，这场战役意味着他要从麦里斯防线行军 100 英里，并且几乎要再次远行以确保他的目标。他的部队装备极差。第 90 轻步兵师没有战地火炮，对于装甲进攻毫无防守能力；战斗急剧削弱了这个团的战斗力。整个第 164 步兵团只有一个野战炮兵连。然而，隆美尔还是设法唤起了部队的士气来发动这次进攻。也许，他从他的信念中获得了勇气："美国人仍然缺乏实际的战斗经验，而且现在要取决于我们，从一开始就给他们灌输一种要完成一项难度极大的任务的悲观情绪。"又或许，由于凯塞林已向他暗示，如果一切进展顺利，他仍然可以被授予北非战区的统一指挥权。

对于隆美尔和阿尼姆所要对付的盟军来说，并非只是战斗方面的考验，而且还受制于甚至比罗马最高统帅部还要拖沓、麻烦的指挥系统。德怀特·D.艾森豪威尔是总指挥官，但是他太为政治和后勤方面的难题所困，以致无法完成作战计划。他的战地指挥官是哈罗德·阿列克桑德尔将军，这是一位优秀的思维敏捷的战术家。战线的北部终端是由肯尼斯·安德森负责，这位苏格兰将军在 11 月围绕突尼斯的较量中表现平平。中段由法国人据守，他们装备过时，其指挥官拒绝在任何英国将军的指挥下做事，坚持他们自己的指挥系统。即将发生战事的南段，主要由美国第 2 军来防守。它也有自己的难题，主要是大名鼎鼎的指挥官劳埃德·弗雷登德少将，性格古怪，独断专行，喜欢在远离前线 50 英里的防弹指挥部里指挥战斗，而且只与他的高级属下、第 1 装甲师的奥兰多·沃得少将谈事。所以在这战线的两侧，仇恨、诽谤和沟通失败在即将到来的血腥遭遇战中将起到重要作用。

西多塞尔的凯瑟林通道是一处气势壮观的防守阵地，在峡谷的一面是 5000 英尺高的岩石峭壁，峡谷的东端缩窄成 1500 码宽的漏斗形。一个星期的残酷战斗在这里达到高潮，然而，实际上凯瑟林通道的战斗是覆盖 100 平方英里区域的系列血腥的鏖战之一。在阿尼姆的副手亨茨·杰格勒将军的指挥下，2 月 14 日凌晨，首次突袭在法得帕斯地区开始。德国人的计划要求由第 10 和第 21 坦克师协同进攻。第 10 师的两个战斗队将攻击并穿过通道，然后拿下岔路口，一个战斗队向斯地－博－淄得方向运动，另一个向北直奔莱索达。与此同时，第 21 坦克师的装甲部队将突破向南的第二个通道，然后北进协助形成围绕斯地－博－淄得的夹击之势。

德军坦克浪潮似的穿越位于法得的山区，并在沙

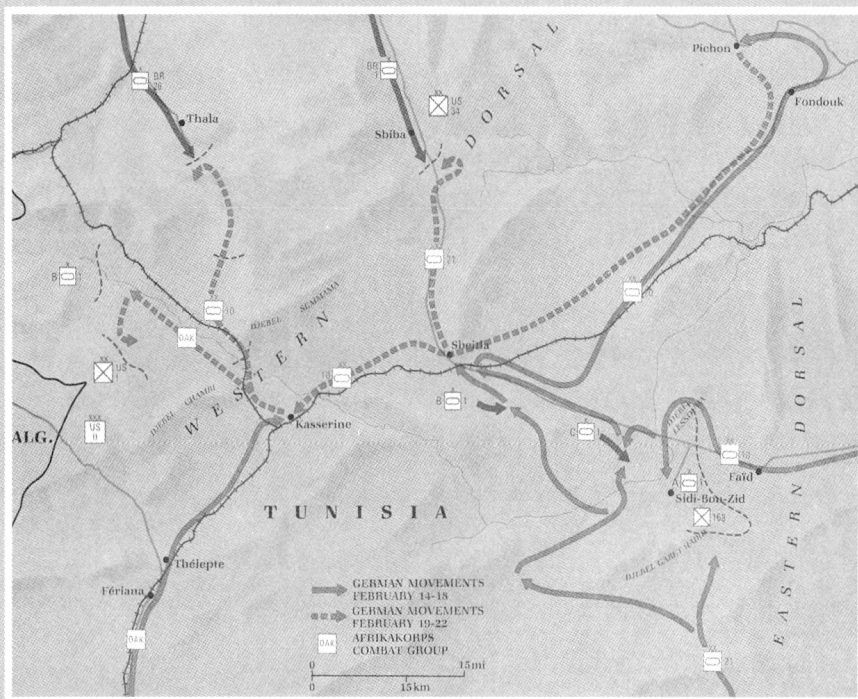

GERMAN MOVEMENTS
FEBRUARY 14-18
GERMAN MOVEMENTS
FEBRUARY 19-22
AFRIKAKORPS
COMBAT GROUP

0   15mi
0   15km

    1943 年 2 月 14 日，德
军突然袭击了缺乏经验的美
军防守的盟军中心，而后者
正大胆地试图切断德国人与
他们设在阿尔及利亚基地的
联系。当隆美尔麾下的非洲
军团中的一支部队向北，沿
着西多塞尔地区侧翼向凯瑟
林通道运动时，阿尼姆的第
10 和第 21 坦克师穿过东多
塞尔的两个通道发起进攻。
阿尼姆的钳形运动使美军第
2 军团所属的部队在斯地－
博－淄得一带被困，并迫
使美国人退回斯贝特拉。2
月 19 日，已经被凯塞林授
权统辖阿尼姆部队的隆美尔，
命令第 21 坦克师向斯比巴推
进，并派第 10 坦克师至凯瑟
林通道。2 月 22 日，隆美尔
的部队实施突破，但立即被
顽强的盟军抵抗打了回去。

尘暴的遮蔽下，隆隆地驶向他们的目的地。随着黎明的到来，能见度趋好，前进中的装甲部队开始与有威慑力的美军炮兵和随之而来的攻击坦克部队展开遭遇战。但是，这次德军坦克在数量上占有优势，而且他们加农炮的射程更远。到了中午，德军占领了一座村庄，而相对缺乏经验的美军则被赶出了战场，留下了 68 辆被摧毁的机动车。还有比这更严重的事情：两个由福里顿代指挥、位于山区的步兵营此时发现他们被包围了，第二天，美国装甲部队发动反击，以解救他们，可是又中了德军的计，被分割成几块。美军指挥官向步兵空投了一条信息：他们只能靠自己了，而且必须尽其可能杀出一条血路。步兵试图借助夜幕逃出，但是他们大多数人都被俘了。到了第二天晚上，第 2 军已经损失了两个装甲营、两个炮兵营和两个步兵营。剩余的部队受命穿越平原撤退到沿着西多塞尔的新的防御阵地上，在那里他们得到了自北而来、仓促聚集起来的法国和英国部队的增援。

当 15 日隆美尔推进到加夫萨时，他发现这座城市已经被放弃，于是部署了门顿上校的 288 特别部队，即著名的非洲坦克精锐团来占领此地。然后，他立即命其他非洲军团的侦察部队向距离公路 40 英里的菲里阿纳前进。从这一刻开始，联合作战才第一次得以安排。隆美尔强烈要求发动一次全力进攻，将盟军推回通道和阿尔及利亚边境，回到他们在特比萨的巨大供给基地。一旦占有了这些装备和物资，隆美尔所能成就的事业就无可限量。

然而，指挥权仍然存在着分歧。隆美尔和阿尼姆，他们彼此很少需要对方，作战时，两人平等相待，却难以协调他们的作战策略。隆美尔想要全力追击，阿尼姆则宁愿节省着使用有限的人力和物力资源。他不愿意放手那些被认为应该移交给隆美尔的部队，试图将这些部队用在进一步向北、这一能满足自己欲望和抱负的进攻上。

在这一时刻，隆美尔做出了自己的选择：经过一场足以让盟军重组的耗时的辩论之后，领导斯地－博－淄得突袭的杰格勒将军，受凯塞林和罗马最高统帅部的指挥调遣，将第10和第21坦克师移交给隆美尔。接下来，隆美尔使用其中的一些部队向西北斯贝特拉方向穿插，同时开始组织一些独立的突击分队去进攻凯瑟林通道。与此同时，德国非洲军团占领了紧靠菲里阿纳北部位于瑟里普特的美军机场。

来自上层的命令突然停止授权隆美尔发动一次向西突进直取台比萨的攻势。他反而被告知需要他指挥其主力北上穿过通道向萨拉推进，然后去里克夫，距离突尼斯北海岸正好是一半的路程。萨拉的防守远比台比萨强大得多，所以隆美尔认为这个计划是"短视行为中令人吃惊和难以置信的"，这将从根本上导致他的全力出击失败。不过，此命令又表述得模棱两可，以至他可以拿来为自己的目标服务。按照计划，非洲军团的一个战斗集团直接冲向凯瑟林；第21坦克师接着向北行进至相毗连的一个峡谷；而第 10 坦克师尾随其后赶到斯贝特拉，从这里，他们能根据情况需要，增援穿插部队。

2 月 19 日，在卡尔·布鲁维斯将军的指挥下，非洲军团的坦克师试图旋风般地穿过位于凯瑟林通道东端的瓶颈地段，但是被挡了回去。那天晚上，卡尔·布鲁维斯派遣步兵巡逻队穿越可以俯瞰通道的山区执行侧翼迂回战术。他们一路进入通道以北的高地，然后下降到盟军的后方，保卫通往台北萨和萨拉公路的盟军。在这漆黑的夜晚，德军出人意料地悄无声息地到来，使许多盟军士兵大惊失色，凯瑟林通道的防守似乎到了崩溃的边缘。但是由于援军在夜晚赶到，使得德军的装甲部队没有突破进入凯瑟林的门户。

被一种紧迫感驱使，隆美尔开始指使第 10 坦克师突袭凯瑟林通道。他知道，必须迅速地确保胜利，因为远在东方，蒙哥马利将军的部队正在逼近麦里斯防线。不久这位沙漠之狐将不得不掉转步伐，去增援在麦里斯进行防守的后卫部队。

隆美尔告诫布鲁维斯做出超常的努力，突破进入凯瑟林的狭窄入口。20 日，在密集的炮火倾泻之后，第 10 坦克师及非洲军团所部，加上意大利森淘罗师发动了猛攻，突破了据守通道的盟军，迅速进入谷地纵深。经过一夜的攻击，第 8 坦克团经验丰富的坦克手们牵制住了向山上冲击的美军第 2 军的装甲部队，并将其摧毁。黎明时分，德军坦克开始沿着通往萨拉和台比萨的公路

一辆德军装甲运兵车引领着一支军车队，它们中许多是在凯瑟林通道的战斗中，从被隆美尔击败的美军第 2 军团缴获的美军军车。后来被指挥上优柔寡断所破坏的隆美尔的大胆计划，旨在直入阿尔及利亚，威胁在突尼斯的盟军后方，并迫使他们撤退。

向前搜索，几乎没有遇到什么抵抗。对于隆美尔来说，向盟军所占区域长驱直入的路似乎清晰可见。

然而，恰在这时，隆美尔犹豫了，并停止了前进。他预计在21日盟军会有一个反击，并希望确保他的部队是坚固的，已做好了迎接盟军进攻的准备。这是一个代价沉重的错误。那天并没有出现反击，但是在轴心国按兵不动的同时，盟军的增援部队已经赶到，使摇摇欲坠的防守得以加强。

这时，一个戏剧性的转折发生了。在从阿尔及利亚西部进行为期4天、800英里的急行军后，美军第9步兵师的炮兵营在下午出现在萨拉宫落上，并花费一夜做好了准备。次日凌晨，当德军坦克重新开始向萨拉推进时，疲惫至极的盟军炮兵开始将炮弹倾泻到逼近的德军纵队中。炮手的存在和他们48毫米的榴弹炮坚定了一直沿着道路缓慢撤退的英军步兵的决心。更重要的是，炮兵的猛轰使隆美尔和指挥萨拉突击部队的福里茨·冯·布罗伊茨将军确信，盟军主力援军已经到达，反击迫在眉睫。

严重的怀疑现在困扰着隆美尔。在他的坦克穿过通道的时候，隆美尔曾查看过缴获的美军装备，对其质量之高和数量之大十分艳羡和嘉许。盟军援军迅速涌入凯瑟林地区也给他留下了深刻的印象。相反在凯瑟林防御中打开缺口的轴心国部队，只剩下够使用一天的军火、6天的食品和每辆机动车行驶120英里的燃料。隆美尔

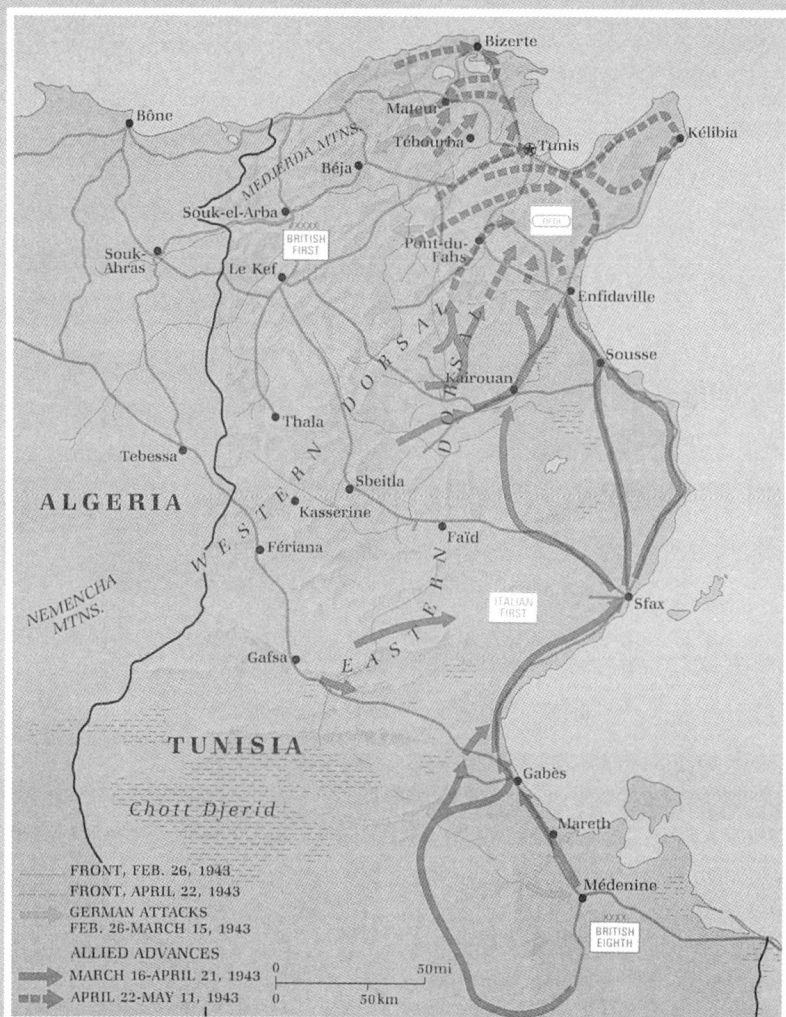

FRONT, FEB. 26, 1943
FRONT, APRIL 22, 1943
GERMAN ATTACKS
FEB. 26-MARCH 15, 1943
ALLIED ADVANCES
MARCH 16-APRIL 21, 1943
APRIL 22-MAY 11, 1943

0   50mi

0   50km

　　凯塞林受挫之后，现在已是突尼斯总指挥的隆美尔争取到时间，在2月底到3月初发动了两次进攻。先是与阿尼姆第5坦克军团一起攻击盟军的北部战线，然后是进攻麦迪奈的英国第8集团军。两次进攻均遭到了惨重失败。3月9日，隆美尔（一个病人）被命令回家，接替他的是阿尼姆。3月20日，蒙哥马利绕过麦里斯防线，推进至海岸，而此时其他的盟军部队穿过东多塞尔向前推进。撤退中的轴心国部队试图避免被包围，但是这并不能维持多久。从4月22日开始，盟军对轴心国的桥头堡发起了最后的攻势。在5月9日盟军切断了比塞大至突尼斯的道路之后，没有任何撤退希望和缺乏军火的轴心国部队开始成批地投降。到了5月13日，一切都结束了。

47

现在得出结论：继续他的进攻，只能将其士兵置于无论数量还是质量都占据优势的敌人构成的汪洋大海之中。

巨大的赌博没有进行：2月22日，隆美尔和凯塞林同意放弃进攻，并分阶段撤退。在盟军意识到对手已经撤了的时候，整整一天过去了。德军造成了美军第2军6300名士兵死亡、受伤或失踪，而且俘获了4026人。他们摧毁了183辆盟军坦克、194辆半履带式车辆、512辆卡车和吉普车，而且有人估计，所摧毁的供给物资数量比所有在阿尔及利亚和摩洛哥的物资储备加起来还要多。相对而言，德国人的损失要小得多：201人被杀，536人受伤，252人失踪。

高层官员对隆美尔的信任突然一落千丈。意大利人对他们最重要的殖民地利比亚的丧失惊呆了，他们一直敦促隆美尔离开。凯塞林认为，自阿拉曼以来，隆美尔从未"以我一直期待着的绝不妥协的朝气进行抵抗"，而现在，凯瑟林通道之战后，凯塞林将隆美尔和阿尼姆称为"蠢材"。令人吃惊的是，之后他又建议隆美尔担任新组建的非洲军团的临时指挥官，阿尼姆和吉奥瓦尼·迈斯归其领导，后者是已被指定为隆美尔继任者的意大利将军。

也许凯塞林相信，只有隆美尔才能完成北非德军马上要面临的任务：击退目前在麦里斯防线下方布阵的大规模的英国第8集团军。典型的希特勒命令就是坚守阵地到最后一人，但是却没有援军或物资能指望。隆美尔知道他手上的部队只是一个空架子，他想撤退到在狭窄的加贝斯一线一个更为合理的防御阵地。可是，他又发动了一次更为拼死的突击，试图突破蒙哥马利在麦里斯东南偏南方向的麦敦奈村的战线。

战斗只持续了一天，时间是1943年3月6日。蒙哥马利是以在发动自己的突袭前善打防御战而著称的，这次他准备得很充分。空中侦察和Ultra的破译精确地定位了德军的到来。英军3个师和两个附加旅严阵以待，他们配备了460门反坦克炮、350门野战炮和300辆坦克，还埋设了7万枚地雷。当3个德军攻击坦克师在第90轻步兵师和意大利特别师两翼的策应下从通道中蜂拥而出的时候，瞬间被英军暴风骤雨般的炮弹切成碎片。到了夜晚降临，一切都结束了，战败得如此惨烈，以至于在德军中总是存有一种怀疑，认为他们的计划被意大利指挥层面的什么人给出卖了。

隆美尔进行了他在非洲的最后一战。3天后他秘密离开，再也没有回来。回到德国后，他多次为从非洲撤退的事向希特勒申辩。他争辩说，对于德军来说，在非洲待下去就意味着自杀。相反，他在被授予最高级别的铁十字勋章的同时，被告知继续休病假。希特勒坚持必须要保住非洲。

于是，灾难在继续。蒙哥马利在麦里斯战线的主要部位发动了正面突击，但是两天内毫无进展。而另一个预备方案却已经取得进步：英国第8集团军的新西兰

一个轴心国士兵用望远镜从麦里斯防线的一个水泥碉堡里向外瞭望。由法国人建造的麦里斯防线长25英里，封锁了从利比亚直接进入突尼斯的道路。德国和意大利的工兵还向防线增加了机枪、火炮、铁丝网和地雷阵，使它成为英国第8集团军的可怕屏障。

军，其两翼的"左钩"在整个长途撤退过程中一直尾随着德军，现在已被派遣在大山通道的背后进行历时一周、长度为200英里的行军，来从德军的背后发动攻击。3月26日，在美军第1装甲师的支援下，他们以出色的战术突破了德军的麦里斯防线，但是未能困住这些防守部队。德、意军队向北而去，并在加贝斯正北位于肖特·迪杰瑞德盐性沼泽和海岸之间狭窄山峡构筑工事，这里正是隆美尔从一开始就想设防的地方。

至此，轴心国在北非的供给量急剧下降。德国空

1943 年 3 月 20 日，炮口火光闪耀，预示着在麦里斯战线英军 300 毫米的大炮凶猛的炮轰开始了。尽管受到猛烈攻击，但德国和意大利的守军还是将英国的步兵和装甲部队打退了，并使其遭受重创。只有当他们受到从沙漠地区到西南方向的环形进攻包围时，他们才放弃了阵地。

军事实上已被赶出了天空，从欧洲来的后续供应也几乎枯竭。大概 80% 的容克运输机被盟军的战斗机击落在飞往非洲的航线上。英国皇家海军控制了通往突尼斯的地中海航线。轴心国在非洲仍然有 15 万战斗部队，但这不足以在 500 英里的战线上与远比自己强大的盟军对抗。轴心国军队还缺少所有基本物资的供应——汽油、军火和食品。

英国第 8 集团军继续从南面施压；而美国第 2 军，在咄咄逼人的巴顿将军的指挥下，正从西面推进过来；同时，在北部，英国第 1 军和法国军团也重新开始了针

在比塞大城外的一个被铁丝网封闭的巨大帐篷城里,被俘德军在一个美军的大蓄水罐前排队,等候配给的水。在突尼斯被俘的27.5万名轴心国俘虏中的大多数,被船经大西洋运往美国和加拿大。

对突尼斯和比塞大的环形防守战役。

到了4月中，沿东海岸向北撤退的轴心国部队抵达安菲达威里村，并与防卫突尼斯北端的守卫部队会师。一条支离破碎的战线已经建立，从安菲达威里向北和向西蜿蜒到离凯普萨莱特不远的海岸。在防线的一边，陈列着艾森豪威尔、亚力山大和蒙哥马利15个装备充足的英国师、5个美国师和法国军团，盟军还完全拥有制海和制空权。在另一边，是阿尼姆，他的9个消耗极大的师只有正常军力的2/5，而梅塞的6个意大利师则被认为基本上丧失了战斗力。德国人只是在凭借着老非洲军团的荣誉感支撑着他们，勉强而又顽强地防守着那些山头和阵地，并让敌人付出了高昂的代价。

但这无法永远持续下去。在5月的第二个星期，成群结队的投降开始了。一位英国军官回忆道："白旗升起来了，一开始是一小群人，后来演变成以排为单位还夹杂着其他人员的行动。白色随处可见，就像山上到处飞舞着蝴蝶一样。"从阿拉曼开始的撤退是个漫长的过程。但是这时盟军却存有一种同情感，这是一个出色的敌手。德国非洲军团最后生存阶段的表现，完全配得上他们的惊人首演。

轴心国伤亡惨重，仅在突尼斯就总计有大约31.5万~27.5万人被俘，还有4万人阵亡、受伤和失踪。隆美尔这架受到每一个对手敬重、巨大的蚕食地域的战争机器，从此不复存在。

对于希特勒而言，在北非的失败所意味着的远比土地的丧失要大得多。他所抱有的通过占领苏伊士运河和切断英国获得石油供给及通往亚洲的生命线，从而将英国赶出战争的希望，永远地破灭了。几十万本可以从非洲逃脱，并得以守卫祖国的德军不可能再战斗了。意大利所失去的人员、殖民地和骄傲使他们的意愿破灭了，于是"欧洲堡垒"不久就只能由德国人来单独守卫。

在北非逃出盟军之网的精疲力竭的轴心国幸存者，穿过100英里水域，撤退至西西里，在那儿他们构筑工事，等待他们敌人的到来。地中海现已变成盟军的海域，英美军队正在集结一支强大而坚固的舰队，其新战役的矛头直指轴心国的本土——意大利。

军士沃尔富冈·宏作为一个旅游者在迦太基靠海的墙边站着，海水在他脚下飞溅。他和另外4名战友在抵达北非后不久，参观了这个位于突尼斯东北9英里的古城。

一名德军
士兵的见闻

"对于我们能否坚持到战争结束，我只存有很小的希望。"一位名叫沃尔富冈·宏的年轻德国士兵于1943年3月在突尼斯战场上写道，"在我们身后是大海，所以我们在战场上必然是要么被俘，要么死亡。"

由于战争的压力和贫乏的供给，宏和他的战友们在寻找"任何从悲惨、污垢和被炮弹撕成碎片的可能性中解脱出来的方式"。他所在部队的一些人转向酗酒和玩纸牌以求解脱，而另一些人则在空的弹药箱里喂养蜥蜴和沙漠蝎子。可是23岁的宏却把照相机作为自己的兴趣，并用照片记录下了在战争中他的那一部分。

在1941—1942年苏联那严酷的寒冬中，从苏军的打击下得以幸存的宏和他的炮团，与德军第10坦克师一起于1942年12月转移到了突尼斯，以增援濒临崩溃的北非前线。在等待装备运抵期间，他们花了3个星期在突尼斯观光游览。虽然第10师的其他部分都南下加入到位于凯瑟林通道的隆美尔所部，而宏所在的部队仍然置于麦德杰达峡谷的阿尼姆第5军的统辖之下。除了担任团的非官方摄影师外，宏还是一名测量员和炮兵的前方观察员。

对他来说，战争在1943年5月9日就结束了，当时他向美国部队投降，并被船运往得克萨斯囚禁。虽然他在进入集中营之前丢弃了照相机、埋掉了日记，但他曾给家中父母寄过许多卷胶片和信件，这些东西为轴心国在沙漠中的最后时刻做了非同寻常的记录。

在古老的
突尼斯登陆

从西西里起程，经过一整夜的海浪颠簸，1942 年 12 月 29 日早晨，宏所在师的部队从一艘意大利驱逐舰上岸。"我们在突尼斯城外一个小而且遭到破坏的叫作拉古莱特的港口登陆。"宏写道。

新抵达的炮兵跟在一辆驮着他们行李的驴车后面。"我们是幸运的，能够租来一辆毛驴车，把我们的行李运到我们将待在那里的前法国人的军营里去。"宏评说道，"我们不愿把太多的东西放在车上，但是车主坚持说，他的毛驴能够把所有的东西都拉上。"

突尼斯进入老城的两座著名的城门，门内是人口稠密的，由白粉涂抹的建筑、内院以及窄巷构成的街区。宏被这些异国风格的建筑震撼了，它们与自己的故乡德国的建筑迥然不同，他将它们描述为"在进入那些狭窄的街道前，你必须经过那些'庄严的墙壁''拉毛装饰'和'巨大的拱门'"。

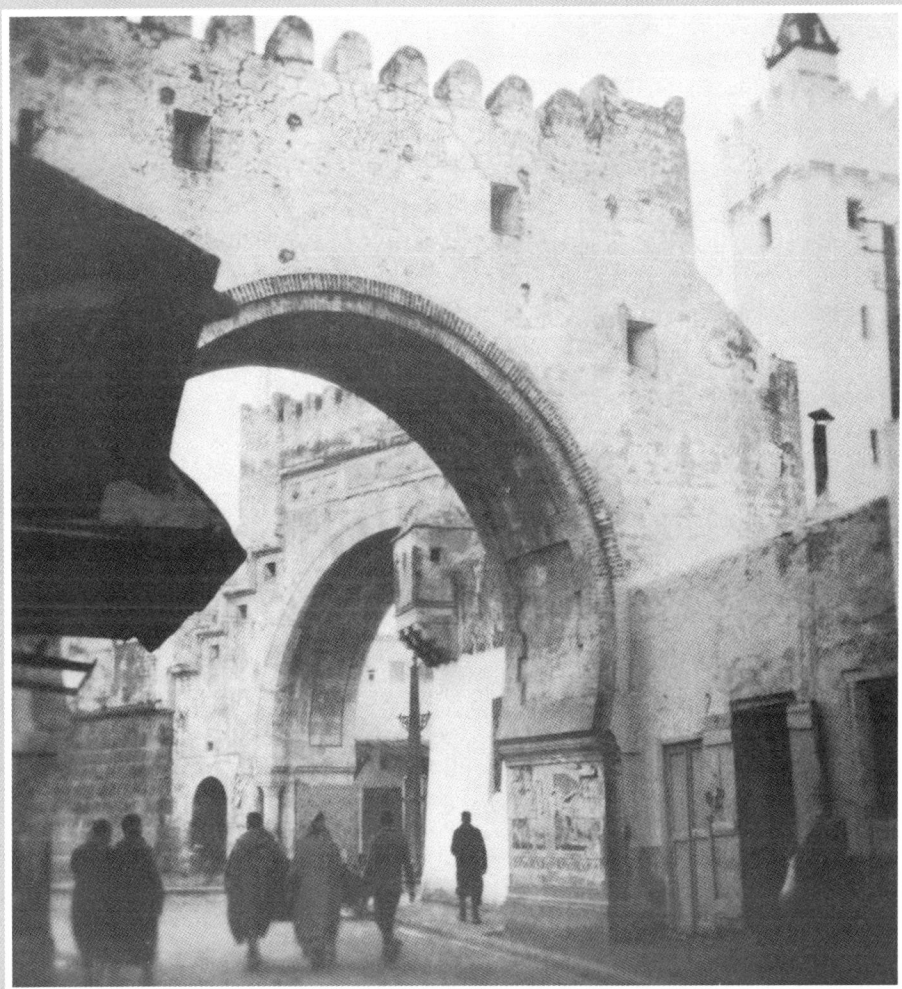

异国
风情的魅力

在巴尔多博物馆的一座古典维纳斯雕塑是宏拍摄的许多景物之一。他写道："这美丽的古希腊雕塑，是从一艘在海下 40 米的沉船里打捞出来的。"

在参观了突尼斯的一片犹太人的墓地后（下），宏说道："这是一个几乎完全由犹太人居住的特别区域，在那里我们看到的是不友好的目光。"

　　束束阳光斜射进有屋顶的集市或露天市场(最左边)。宏被这些集市"充满浪漫的一面"以及它们实用的设计迷住了，"这些街道被拱门所遮盖，以抵挡阳光的照射，但是在顶棚上有着一些小圆孔，能让光线进来"。

　　这位面容干瘪的阿拉伯鞋匠(左)并没有意识到宏关注的目光，"我在这些拥挤的街道上一逛就是几个小时，"宏解释说，"周围各种各样的人在闲逛、做买卖和干活儿。"

　　宏所在部队的一些人在游览迦太基的罗马竞技场，它是公元698年被阿拉伯人攻陷的，"这个废墟巨大的部分一直延伸到海里。在竞技场里有一个小教堂，用来纪念被凶残的野兽撕碎了的烈士费力西塔斯和佩尔佩图阿"。前面两个士兵在向空中飞行着的一群Ju52型运输机眺望，这些飞机是从西西里向这里运送补给的。

61

准备
迎击敌人

1943 年 1 月初，在突尼斯外围，一名士兵正雄赳赳地对着照相机，而另一个战友正在挖战壕。"我们早上 5 点起床，然后行军 15 英里到一片平缓的山地挖战壕，以在城市外围构筑一条防线。"宏认真地记录道，"为了干得更多，我们以相对低廉的价格雇用阿拉伯人，这在此地是很常见的。"

宏的伙伴们在建造一个新地堡。在给他父母的信中，宏描述了建造的过程："一开始，我们先挖一个大坑（2×3×1 米）。多数工作不得不用镐头，因为这里的泥土十分坚硬，以至锹毫无用处。在顶部，我们放上砍掉枝杈的树，然后再铺上许多石子和土，以防止被小弹片击中。"

由于缺乏武器和弹药，宏所在部队的炮兵在麦得叶兹－艾尔－柏布附近建造的假炮兵阵地。"为了愚弄敌人，不让其清楚我们的实力，我们用木棍构筑阵地，我们将部分木头埋在橡树枝下，所以对于侦察机来说，它们看上去很像真的火炮。"宏写道，"我们还制造了许多有弹药储备的假象。"

在一次爆破演习中，炮兵们小心地将一个
炸药装置固定在一辆已被摧毁的敌人的坦克
上。（上）"我和另外几个人被选中用地雷和
空的炸药包进行打坦克的训练。炸药包被他们
粘上去的磁铁固定在坦克的一侧。"宏这样说。

远处，在一次训练课中，一辆坦
克在火光和黑烟中爆炸。宏描述了这
个过程："一个士兵将一个空的炸药
包固定在一辆已毁坏了的坦克上，然
后拔掉导火索，尽可能迅速地离开。"

几个炮兵在为一门使用15
公斤炮弹的105毫米榴弹炮做伪
装。轴心国和盟军部队都利用在
麦得杰尔大峡谷地区丰富的橄榄
树林，来为他们的武器进行伪装。

在当地的
帐篷生活

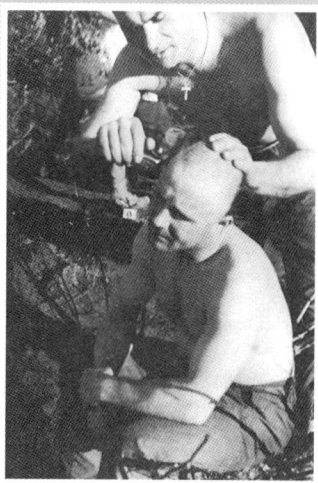

一位下士正在做一次特别的理发，他听人说"剃光头会促进健康头发的生长，还避免虱子的出没"。宏解释说，在2月这个时刻，人们已经放弃了任何休假的念头，在回家之前，对于头发来说，有充足的时间长出来。

在北突尼斯，德国士兵与当地的柏柏尔妇女从一口井中取水。"从我们的阵地到那口井有两公里。我利用一些自由时间用两桶水从头到脚洗一遍，在那时，这是一种非同一般的奢侈。"宏回忆道，"水是咸的，而且充满了水藻和青蛙。"

他们与宏共享这个帐篷，两名下士在不寻常的战时海报下十分放松。左面悬挂的相片是圣母马利亚的雕塑，作者是16世纪德国艺术家蒂尔曼·里门施奈德。

宏和一个朋友在一堆火前蹲着，他们在用橄榄油炸鸡蛋。他们从当地阿拉伯人那里交易来的新鲜水果和鸡蛋，为他们提供了一次令人欣慰的缓解军粮的饮食。

阿拉伯人通常更喜欢德国人而不是盟军中的法国人——殖民地主人。当地的阿拉伯人与炮兵（右）在做易货交易。"每天，我们都从一位近距离路过我们阵地的阿拉伯人那里买橘子，"宏回忆道，"他可能是个间谍，但是我们现在受到敌人炮火的袭扰比刚开始少了，所以他可能是无害的。"

与远距离的
仇敌进行炮战

一名德军下士正在检查一架被宏所在团的防空炮火击落的英国喷火式飞机。宏注释说：英国战斗机的"两门22毫米的加农炮和4挺机枪是非常好的武器"。

从一座被土和褶皱铁板覆盖的地堡里，宏通过被称为"观察敌人阵地最好的仪器"的剪式潜望镜来察看。（下右）这是他通过潜望镜的一个镜片拍摄的位于麦得杰斯－艾尔－巴布的敌人的部署情况。

榴弹炮手们尽可能地向高射，以便与远处盟军的炮兵对抗。"即使我们能看到敌人的炮兵阵地，我们也只被允许每天向他们发射配给的24发炮弹。"宏抱怨道。

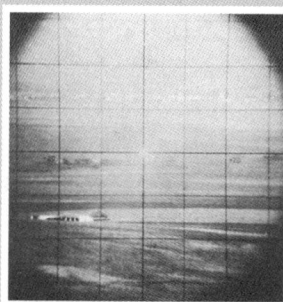

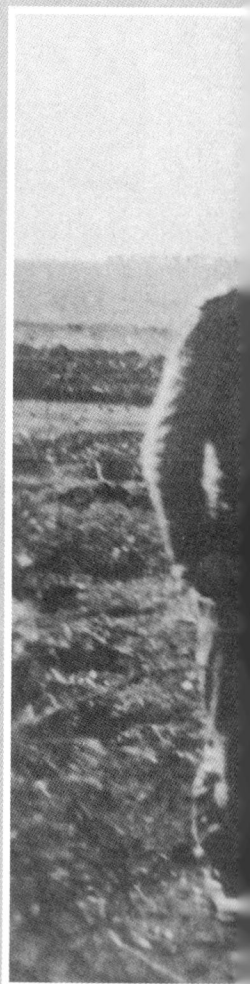

在远处，英军令人胆战的4轮齐射的炮弹雨点般落在德军阵地上。宏仍生动地记着"炮弹将至时的不祥声音""它能发出一种特别的气味和喷出一种雾气"。

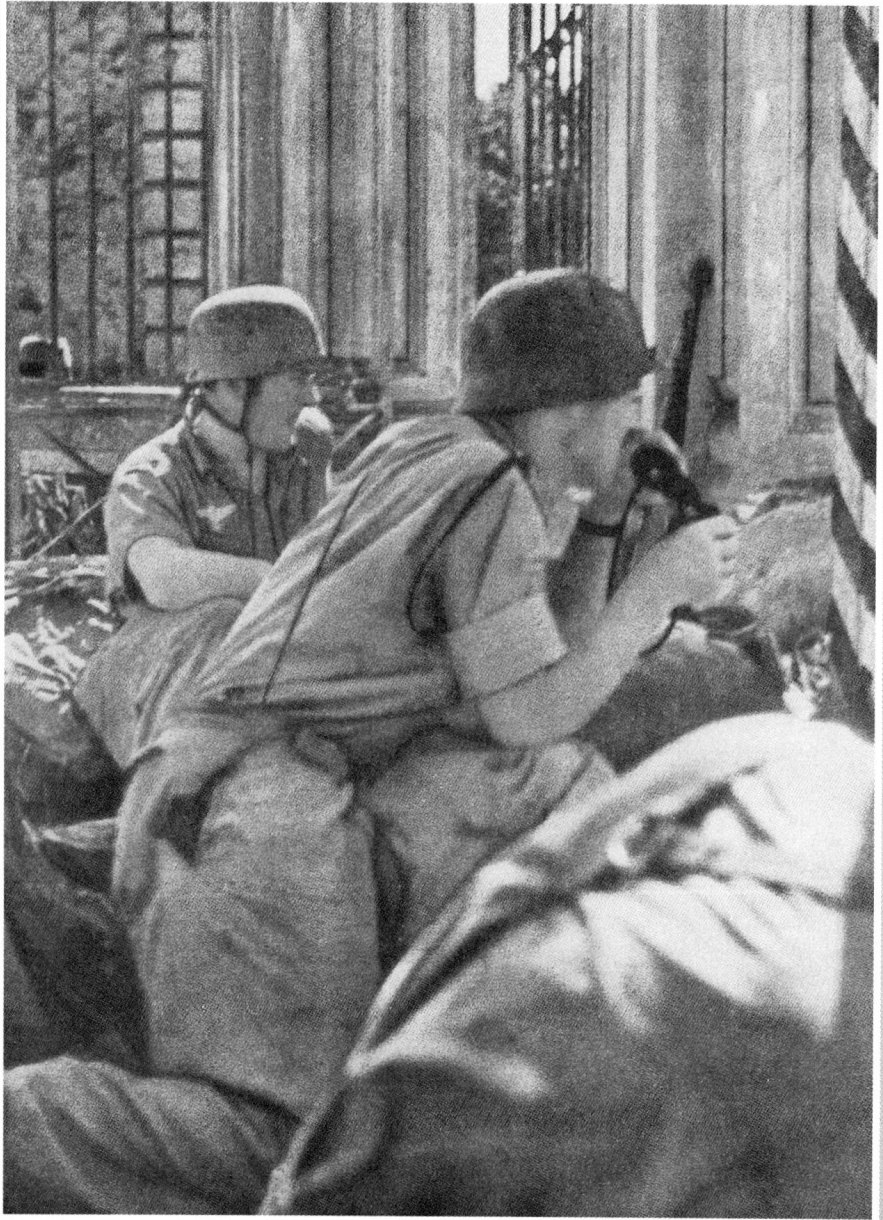

2. 激战西西里

德军情报官员们简直不敢相信他们的好运气。1943年4月30日，也就是北非战事结束前两个星期，一个渔民在西班牙南部海岸发现了一具漂浮着的男人尸体。这具尸体明显是一次海上空难的牺牲品，于是引起当地德国情报机构的警觉。他们将拷在该男子手腕上的信使匣中发现的文件复制并发送到了柏林。这些资料证实此人正是威廉·马丁少校，是供职于英国皇家海军陆战队的一位两栖登陆的专家。

这些文件披露了一些对于德国人来说事关命运的重要战略性的情报。整个春天，即使是在突尼斯的战斗正酣的时候，德军高级指挥官们还在为盟军下一步将在什么地方进行打击而争论不休。预测集中在北地中海，范围从法国南部到意大利，再到希特勒确信敌人将以此为目标的地区——拥有原油和其他原材料、十分具有经济意义的巴尔干各国。在此人的匣子中发现的一封写给北非英军指挥官哈罗得·亚历山大上将的信中，至少部分地证实了希特勒的理论。这封由英国帝国副总参谋长签署的信件表明，盟军将在希腊和撒丁岛两处发起进攻，但这只是在对意大利另一个大岛——西西里进行一次佯攻之后再开始。

德军第1伞兵师的两个士兵趴在废墟里用双筒望远镜监视盟军部队的动向。时间是1943年7月，英美军队在西西里进攻之后。

虽然多疑的意大利高层军官从未怀疑入侵将袭击西西里，但元首是完全被愚弄了。他确信这份文件是权威性的，于是迅速对这个捉弄人的新情报做出反应。他命令迅速增援在撒丁岛和希腊南部的德国驻军。一个整编德军坦克师确实被从法国调往希腊南部。这次距离长达1000多英里的急行军，变成了一次野鸭追逐，因为盟军既没有进攻希腊，也没有进攻撒丁岛的计划。这是英国反谍报机构上演的一出完整把戏：用一具尸体虚构了一个从未存在过的人，然后让他带着伪造的文件进行漂流，以此将轴心国对盟军的真正攻击目标——西西里的注意力转移开来。

西西里早在近4个月之前，就被英美首领选为攻击目标。在1月举行的卡萨布兰卡会议中，他们就选择这个意大利岛屿作为插入"轴心国软肋"的第一刀，这是丘吉尔的辛辣用语。在准备于一年后进攻法国北部的同时，他们想转移德国人在俄国前线的压力。从最早有记载的历史开始，西西里就是一个有着巨大战略重要性的战场。它距突尼斯北端仅90英里，不但控制着西地中海，而且由于其位置离墨西拿海峡对面的意大利的"脚趾"近在划桨可过之间，这就为进入大陆提供了一块便利的跳板。

在西西里的轴心国部队很容易受到攻击，实际上在西地中海的所有地方都是如此。由于意大利军事力量的衰弱，也使大部分德国军队变得薄弱。意大利海军的

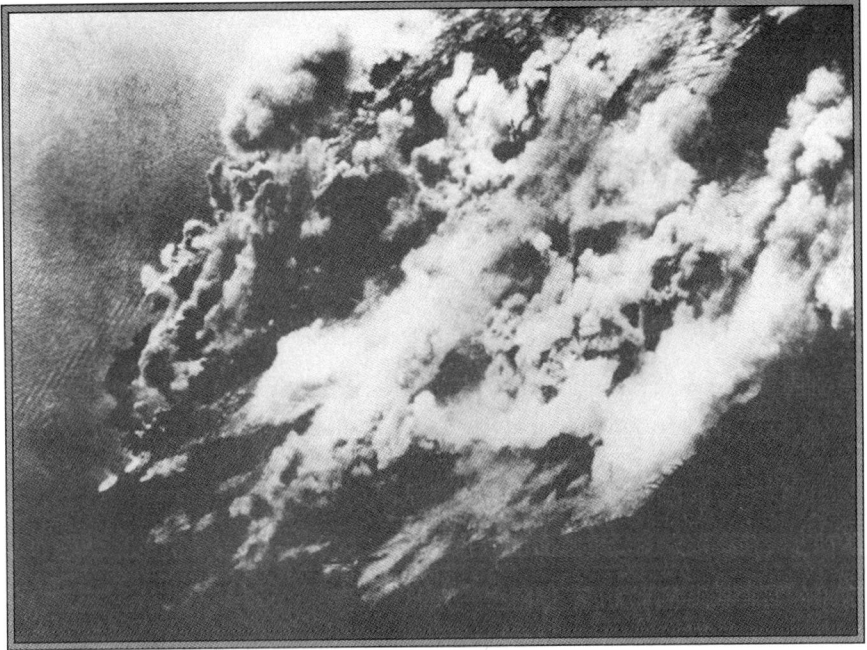

1943 年 6 月初，在盟军飞机持续了一个月的轰炸尾声时，浓烟遮蔽了位于西西里和突尼斯之间正中的潘泰莱里亚岛。在墨索里尼的军队于 6 月 11 日将这个小岛交出去以后，盟军部队开始利用它的机场作为向西西里突袭的前进基地。

大型海面舰艇停泊在斯培西亚和塔兰托湾海军基地已近一年，它们缺少燃料和有攻击力的领导来拦截盟军的舰队。同时，美英战舰有效地阻塞了德国潜艇从直布罗陀海峡通过的通道。意大利空军总是依赖于德国的物质支持，而自从这年年初以来，盟军的轰炸机和战斗机已经消灭了这一地区轴心国联合空军力量的一半，即大约 1000 架可用的飞机。自从 14.7 万部队在突尼斯陷入重围，意大利军队已经被十分危险而单薄地拆散开来。在向俄罗斯和巴尔干投入 120 万军队之后，意大利只有不到 100 万的部队来防守自己的国家。

在很大程度上，希特勒是怀疑他的南方伙伴的决心的。提到西西里，他在 5 月 20 日的一次官员会议上说：
"让我焦虑的是，这些人没有防守它的意愿；你能看出
他们没有这种意愿。这位领袖（指墨索里尼）也许有最
好的愿望，但是他将被毁灭。"

希特勒甚至开始怀疑他的这位老朋友和同道独裁
者。是他们的个人关系和思想意识而非任何共同价值
和目标，使德国和意大利于 1939 年 5 月，在所谓"钢
铁条约"之后紧密连接起来。但是希特勒看着墨索里
尼在健康和意志上衰败下来，甚至为诸如与苏联停火
这样的举动辩解。

现在，时间到了 1943 年 5 月，由于受到来自其自
身高层指挥部的压力，墨索里尼不同意希特勒提供德国
军队用来加强意大利国土的防御。总之那个月，希特勒
一共提供了 5 个德国国防师；而墨索里尼只同意要其中
已经在意大利境内的 3 个师，主要由在北非被消灭的部
队的剩余部分重新组建的师团。这种不情愿使希特勒产
生了怀疑，以致他命令他的高级司令部准备一个代号叫
"阿拉里克"的秘密计划，内容是一旦意大利人倒向盟
军，德国将占领意大利。

不久，希特勒又看到了一出由意大利军队所做的
让人忧虑的表演，戏剧性地再一次印证了希特勒的怀疑。
英国人和美国人在寻找附近的机场以便支援他们计划中
对西西里的进攻，于是决定占领位于西西里岛西南部大
约 65 英里的潘特里利亚。这个小小的由火山形成的岛

在崎岖的地形顽强防守

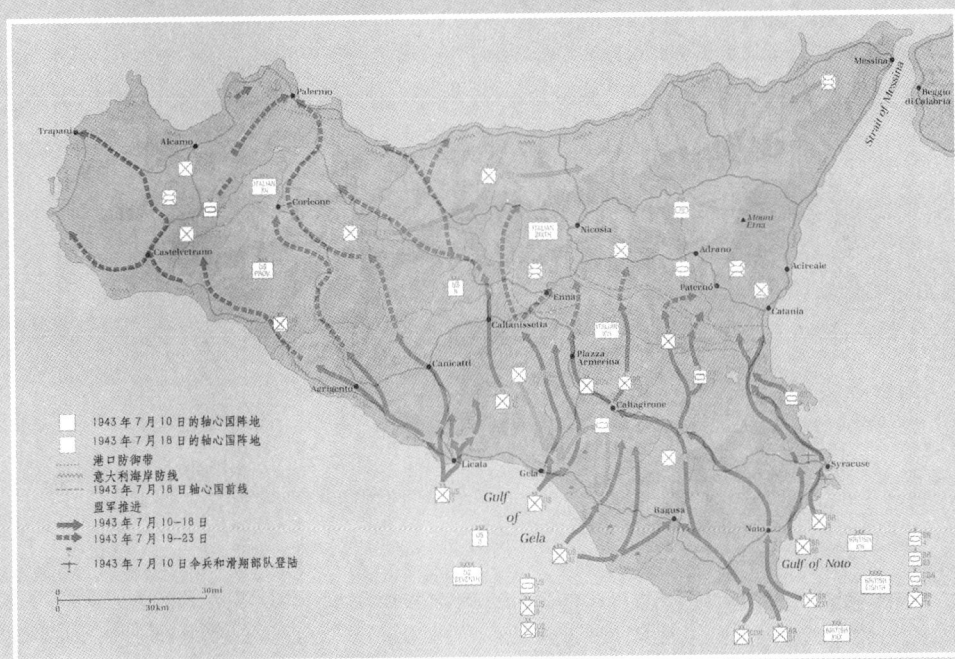

1943 年 7 月 10 日凌晨，来自盟军两支军队的两栖部队——巴顿的第 7 集团军和蒙哥马利的第 8 集团军沿西西里南海岸线，大批拥上海滩，并将意大利的海岸防线清除掉。意大利第 6 集团军司令古佐尼经凯塞林的同意，命令对美军的滩头阵地立即发起反攻。由李沃诺师发动的突袭悲惨地失败了，但是赫尔曼·高瑞坦克师在被击退之前，设法进入了海岸线 1 英里范围内。轴心国的高级指挥官们很快意识到，以盟军的实力，是完全不可能将其赶回大海的，于是他们决定边战边向该岛的东北角撤退，然后以蒙特艾特纳为支撑点，在那里建立一条防线。在盟军登陆后的一周内，意大利人处在崩溃的边缘，而西西里的防御此时大部分由新近到达的胡比斯第 14 坦克军的军官所控制。在将这个岛的西端交给美国人之后，德国人将 4 个师（赫尔曼·高瑞坦克师、第 15 坦克掷弹师以及两个增援师——第 1 伞兵师和第 29 坦克掷弹师）部署在盟军主力向墨西拿推进的道路上。由于在人数上处于 1：3 的劣势，并且持续遭到盟军飞机的骚扰，防守者只好凭借他们对意大利地势的了解并加以利用，因而将两支盟军部队困在海湾近两周。

屿布满了海岸炮兵阵地以及在坚硬的岩石中开掘出来的地下飞机库，和一个由近1.2万意大利守军防守的要塞。

盟军的轰炸机对这个要塞进行了近一个月的轰炸。在海军炮火的参与下，6月初，轰炸达到了持续一昼夜的渐强态势，当时在5天时间里，有5000多吨的炸弹倾泻下来。这是一种如此令人生畏的展示，以致一些盟军空军的鼓吹者确信，轴心国将被炸得屈服。令人吃惊的是，轰炸只使意军死伤不到400人，但是却摧毁了意大利人的供水设施和他们的士气。6月11日，一个英国步兵旅登上海岸，让希特勒懊恼不已的是，意大利要塞在几乎未放一枪的情况下就投降了。英军的明显伤亡

在"爱斯基摩人行动"开始之前，盟军舰只拥挤在北非港口。"其中有油船、货船、拖网渔船和入侵船，"一位充满敬畏之感的记者这样描述这次重大的航行，"一行行陆军的登陆船只安静地驶过水域。"

意大利士兵正在操练西西里海岸上的防御火炮。尽管挑战性的口号"征服"粗糙地涂在炮管上，但是这些武器无法与盟军的轰炸机和战舰相抗衡。一位意大利军官在视察了海岸防御工事之后写道："我一看到这些简陋的水泥防御工事就不禁发抖。"

就是，一个士兵被一头受炮弹惊吓了的骡子给咬了一口。

潘特里利亚6月11日投降之后的第二天，兰姆皮杜萨这个更小的岛屿也举起了白旗，这使墨索里尼也大为恼火。盟军进攻所向的下一个目标就是西西里或撒丁岛，两者都使人难以忍受地离本土太近。墨索里尼不但同意接受他以前拒绝过的两个德国师，而且还要了另外一个师。这些增援部队使轴心国加强了西西里原本危险的防御。到了6月底，两个德国机械化师抵达那里。这两个师都是以在北非被摧毁了的师团残余部队为基础重建起来的，即第5坦克掷弹师和德国空军地面部队赫尔

曼·高瑞坦克师。

德国部队（算上后援和防空部队人数）大约 3 万人，再加上在西西里的 20 万意大利乌合之众。除此之外，还有 5 个非机动的海岸师和 3 支较小的、大多由西西里新兵和憎恨德国人的后备役老兵组成的军事部队。以领导无方，训练和装备落后而臭名昭著的海岸部队布置在海滩地。他们负责近 500 英里海岸线的防务，他们的炮兵是如此之差，以致一门反坦克炮不得不覆盖 5 英里长的海岸。岛屿的防御工事差到了凯塞林后来将其形容为"仅仅是表面文章"和"华而不实的东西"。当一位意大利将军巡查一些水泥工事的时候，他听到一个士兵嘟囔到：现在需要"多一些工兵，少一些将军"。

西西里的防务还被拜占庭式的指挥机构所困扰着。根据最近的协议，在岛上所有轴心国的部队应置于意大利将军阿尔福莱得·古佐尼的全权指挥下，他是意大利第 6 集团军的指挥官。虽然他是以 66 岁的年龄最近被从退休的状态召集回来的，又不熟悉岛上的情况，但古佐尼是一个有能力的战略家和领导者。但是他在位于岛中央安纳的指挥部中，不得不应对平行的指挥链。除了一条从意大利和德国部队经过古佐尼通向罗马的正常渠道外，德国军队保持了他们自己的指挥链。德国部队的指挥者们频繁与他们在安纳的联络官来往，后者再向在罗马的德国战区司令凯塞林汇报。德国空军总司令赫尔曼·高瑞元帅则有时越过这两条指挥渠道直接与和他同名师团的指挥官联系，使得问题变得更加复杂化。

不像许多歧视性地对待意大利军队和他们的将军的德国人，凯塞林与古佐尼处得一向不错。俩人很长时间以来就确信西西里将是盟军的下一个目标。凯塞林有着陆军和空军的经历，是唯一意识到这种威胁的德国高级指挥官。他认识到，在盟军陆基战斗机的飞行范围内，西西里是唯一的主要目标。他和古佐尼都同意，主要的攻击很可能出现在岛屿的东南角。

然而，这两位指挥官在如何部署德国两个师的问题上意见不一。古佐尼想让这两个师作为岛东部强有力的后备，一旦他较弱的意大利战地师延缓了进攻者的步伐，德军就可以以其摩托化步兵和 160 辆坦克，向敌人猛扑过去。凯塞林则主张将德国军队分而使用，即将第 15 师的大部布置在西部，同时将较弱的赫尔曼·高瑞坦克师放在东部和南部。他预计将会在西部有第二次打击，他想让德军距离海滩足够近，使其能在盟军建立滩头阵地之前，将其碾压下去。有关盟军海军在 6 月底活动加剧的报告，预示着一场攻击的临近。古佐尼放弃了自己的主张，勉强同意了凯塞林的计划，可后来他又后悔了。

到了 7 月 9 日下午较晚的时候，无线电警告开始不断涌入设在安纳的古佐尼指挥部，德国空军侦察机报告显示出，至少有 6 支巨大的护航舰队从马耳他南部向西西里驶来。飞机驾驶员没有夸大他们所看到的。这些舰队是历史上最大的两栖部队的一部分，是一支拥有

3000 艘舰船的庞大舰群，舰种从战列舰到小型登陆艇一应俱全，它们承载着 600 辆坦克、1.4 万辆各种机动车辆和近 18 万英美部队。盟军飞机不断增加活动也向轴心国预警着一场迫在眉睫的入侵。

到了晚上 7 点，也就是夜幕落下后不到一小时，古佐尼发出了预警。3 小时后，他命令所有的部队进入全面戒备状态。到了半夜，实际进攻的第一消息传到司令部。这些疯狂的电话描述着成千上万名美军伞兵部队和滑翔机负载的英国士兵在整个南西西里遍地登陆，这只是部分的真实。实际上有不到 4000 人的空载部队已经登陆，但是运送他们的飞行员由于缺乏经验，加上强劲的大风，造成了误算，结果把他们以小而孤立的组为单位，散落在远离预定着陆带的地方。这样一来倒似乎显得空载入侵者比实际的人数要多，这更大地加剧了轴心国的混乱。

午夜刚过，古佐尼命令摧毁码头设施和靠近海岸的警戒装置。不到 3 小时后，大约在 7 月 10 日凌晨 3 点的时候，大批盟军部队开始沿着西西里东南 100 英里的防线涌上海滩。这次被称为"爱斯基摩人行动"的登陆战役正式开始了。蒙哥马利的英军第 8 集团军 4 个师攻击位于锡拉库塞下面的帕基诺半岛两侧。巴顿麾下的美国第 7 集团军的 3 个师负责打击盖拉四周距西部大约有 60 英里的南部海岸。

几乎所有软弱的意大利海防师在攻击到来前就投

7月10日，是"爱斯基摩人行动"的第一天，来自英国第8集团军第51步兵（高地）师的工兵，扛着探雷器和其他器械，在锡拉库塞城南的海滩登陆。"高地"师的官兵们没有遇到什么抵抗。

降了。英国部队俘获了意大利的一个营，当时这些士兵显然是依照古佐尼的早期警报，伴着自己的枪睡着了。在入侵初期的混乱阶段，古佐尼试图孤注一掷地获得对分散了的部队的控制。他命令由于凯塞林的坚持被派往西部而远离登陆地点的德国第15师返回。他还命令对英美的滩头阵地发起迅速反击。但是，糟糕的通信和缺少及时的情报每每困扰着他。由于盟军的炮击和伞兵的破坏，命令难以通过电话系统进行传递，他只能从混乱的地面部队和在敌人空中优势的挤压下，从德国空军设法派出的几架侦察机那里得到大概的情况。

除了老将军有限的情报范围以外，另一个主要的威胁是在古老的港口城市锡拉库塞以南的英国地区的发展。在晚上，英国一支不到100人的滑翔机部队就占领了澎梯格兰德，这是一个刚好处在城下的关键公路桥梁，然后他们等待着从帕基诺半岛海滩登陆的步兵到来。意大利人的反击在早晨8点开始，经过7个小时的鏖战，他们俘虏了大约15名仅存的英国军人，重新夺回了桥梁。不到一小时之后，当意大利人正在搬运被英国滑翔机部队搬走了的、用来摧毁桥梁的炸药时，英国部队赶到了。他们占领了桥梁，通过它进入了锡拉库塞城。与他们那些尸体仍然横卧在澎梯格兰德的同胞形成对比，这里的意大利部队不愿抵抗，拱手交出了带有完好船坞设施的港口城市。

古佐尼错误地以为锡拉库塞被完好地防守着，他将重点反攻集中于西部的美军。在入侵的那个早晨，他下达了由意大利李沃诺师和赫尔曼·高瑞坦克师向南共同进行的一次联合打击盖拉四周滩头阵地的反攻。由于联络依然被阻断，各个师在没有协调的情况下，发起了自己的进攻。李沃诺师的一个步兵营在盖拉以西跳下了卡车，然后以 19 世纪的阅兵场队形前进。装备了缴获的意大利炮兵器械的美军别动队，摧毁了这个井然有序的营级队伍。另一支意大利部队——快速 E 大队从东北部向盖拉前进，他们拥有 36 辆左右的小型且过时了的坦克——其中有的重量不足两吨，而制造年代则可上溯至第一次世界大战。有一队人马曾穿入城中，但又被使用火箭筒的别动队以及停泊在海边的美军舰艇排炮打了回来。

当这些意大利人进攻受挫的时候，德国人正在准备打击盖拉以东的美军滩头阵地。虽然古佐尼的命令未能传达到赫尔曼·高瑞坦克师的指挥官鲍尔·康莱斯将军那里，但他在黎明前就从他的巡逻队和设在罗马的凯塞林总部得知开战的消息，并开始策划反击。康莱斯本人是个十分好胜的指挥官，他在法国、巴尔干和俄国作战都以此为特点。但是，他的军队是稚嫩的，军官没有作战经验，他的师由一群杂乱的外行组成。作为一个官方设立的坦克师，它实际上类似一个正规的装甲掷弹兵师，装备了 100 辆坦克，却只有一个团的步兵，而非标准的两个步兵团。

7月11日，盖拉村外，德军坦克在隆隆声中冲向固守在海滩上的美军时，搅起了团团烟尘。在虎式坦克被来自炮舰的炮火赶回去的时候，它们已经前进到距盟军指挥中心只有一英里的范围之内。

康莱斯将他的部队分为两个特遣队，然后命他们从位于内陆大约 20 英里的寇塔及罗尼附近他们的基地南进，分头直抵海滩。他很快遇到了难题，盟军的飞机不断袭击他的纵队，狭窄而曲折的道路延缓了他们的前进，没有经验的下属无法保持部队的移动。盛怒之下，康莱斯当场解除了西路纵队指挥官的职务并接替了他。

到了下午 1 点，即比康莱斯的预定计划晚了 5 个小时，他的部队才最后到达发动两翼进攻的位置。在盖拉以东 10 英里的帕诺鹿泊，康莱斯的西路纵队处于停泊在海滩外的美国巡洋舰和驱逐舰以及掘壕固守的美国步兵和伞兵的打击之下。德国人退却了，甚至即使是他们的最高长官进行现场鼓动，也无法将他们聚拢在一起。往东南大约 12 英里，康莱斯的其他纵队，在支援他们的虎式 I 型坦克受困于橡树茂密丛生的台地后，也停顿下来。

康莱斯派遣他自己的参谋长去为那些大个儿的坦克解困，并使他们动了起来。由坦克开路，德国人重新开始进攻，并打垮了一个美国营，俘获了他们的长官和多数幸存者。但是另一个盟军营进入突破口，康莱斯的士兵受到惊吓，混乱地逃窜。那个晚上，康莱斯又解除了东路特遣队指挥官的职务，完成了他的高层清洗。

赫尔曼·高瑞坦克师师长鲍尔·康莱斯将军在杰拉对手下人的怯懦深恶痛绝，并向他们发出了严厉警告："如果必要，撤退和怯懦将受到就地武力制裁。"

（上图）这是写有醒目口号的赫尔曼·高瑞坦克师的征兵宣传册："要加入我们的行列，你必须是志愿者。"左上是坦克师成员所穿制服的袖口标识，而且有资格得到一枚德国空军地面战斗徽章（上）。

德国空军
杰出的坦克手

虽然部署在西西里的赫尔曼·高瑞坦克师是支没有经验的部队，但它的起源可以追溯至第三帝国早期。1933年它由高瑞本人组建，一开始该师是一支纳粹的特别警察部队，用来镇压希特勒的反对派们。随着高瑞影响力的增加，所以以他的名字命名。最初400人的编制不久就扩大成一支庞大的国家警察部队。在高瑞成为德国空军的领导人后，这支部队转变成一个德国空军的精锐地面团，后来又成为旅，最后成为师。

因为这支部队只招收志愿者，他们经教导认为自己是另类。他们穿不同的服装，住在特制的新营房。

1943年5月轴心国在突尼斯崩溃之后，这个师的大部分人向盟军投降。但是这个以德国空军指挥官命名的单位的剩余部分，并没有消亡。随着新的志愿者加入，它以一个坦克师的面貌得到再生。

入伍的人穿一件黑色的双胸襟的夹克和相称的裤子以及一顶军便帽。他们的装束除了几个明显的标志可以看出是坦克部队的成员外，还可以在夹克衫和帽子上看到显著的袖标和德国空军的那只鹰。

虽然一种有帽舌的帽子（下）在 1943 年就被引入，但许多部队还是喜欢以前的便帽样式（上）。如现在展示的两种军官帽，镶有铝的花饰边，以及用铝丝做的徽章。

在意大利，该师穿着德国空军涂有棕褐色伪装漆的衣服（上），一些军官戴着适于热带的尖形的有可拆卸防光下垂边的帽子（下）。

在北非和南意大利温暖的气候里，部队穿着德国空军棉制的热带服装。紧身短上衣上的肩章以及帽子上的花饰和徽章表明军官的军衔。

古佐尼下达命令重新发动进攻。第二天早晨，即 7 月 11 日，意大利李沃诺师将从西北方向向盖拉的滩头阵地推压过去，赫尔曼·高瑞坦克师将从东北部分别以 3 个特遣队集中攻击滩头阵地。康莱斯对上一天的受挫痛楚犹在，于是他命令进攻在早晨 6:15 开始，这次仅仅晚了 15 分钟。

当轴心国的部队在一个宽阔的战线上展开反击的时候，几场单独的战斗正在演变为一次新战役的最为殊死的搏杀。在西部，在轴心国的右翼，一度接近盖拉的意大利步兵再次被暴风般的炮火阻止，其中包括美国无树平原号巡洋舰上发射的近 500 轮次 6 英寸炮弹。从盖拉城中出来的美国别动队打扫战场，接收了大约 400 名意大利投降士兵，还发现了一幅恐怖的场景。"在树上悬挂着一些人，"一个美国上尉写道，"而一些已经被炸成了块状。"意大利人遭受了如此重创，死伤率达到 50%，以致李沃诺师作为一个有效的战斗单位已经不复存在。

与此同时，在轴心国左翼的德国人进一步向东发起进攻。在帕诺鹿泊四周，6 辆坦克冲破了盟军的防线，但是却中了敌人的陷阱：美国人让这些坦克越过他们的阵地，然后从后面打击它们，使其中 4 辆瘫痪。美国人设法守住这个极为重要的道路枢纽。沿 115 号路往东 6 英里越过阿库特河，700 名康莱斯的步兵与由第 82 空降师吉姆·盖温上校率领的一小部分美国伞兵突击作战。

德国人仍然在为他们缺乏经验和缺少有战斗经验的指挥人员而付出代价。"部队在混乱中被带入战斗",赫尔曼·高瑞坦克师的参谋海尔马特博根格朗上校这样写道。他们无法将美军从一道山梁上赶走,而当人数和火力都占优势的美军在这天晚些时候发起反攻的时候,德国人溃散了。

盖拉附近,大致是轴心国反击的中心,在那里赫尔曼·高瑞坦克师的穿插获得很大进展。两个强大的特遣队大约 60 辆坦克插入美军第 1 装甲师的中部,并将目标集中在城东 4 英里处的沿海林荫高速路。对德军深感敬畏的美国人从狭窄的战壕中穿过硝烟向远处望过去,报告说有数百辆敌人的坦克即将向他们碾压过来。中午前,德军的先头部队穿插到高速公路,并开始炮轰不到 2000 码以外水中的登陆船只。康莱斯被这显然近在咫尺的胜利冲昏了头脑,他竟莫名其妙地相信敌人正在开始登船逃走。他的这种情绪和信息传到古佐尼的总部,使那里的人对战局抱有的希望大增。

实际上,美军的抵抗十分强硬。海军和地面的炮手们将数以千计的炮弹倾泻下来。4 辆舍尔曼坦克极力挣脱海岸上松软的沙子给防线以支援。水陆两用车辆在海滩上拖着榴弹炮,将其直接送上前线,那里的炮手们压低炮筒,立即向 600 码以外前进中的德军坦克直射过去。两军的界线是如此之接近,以致美国海军的炮手因害怕伤害自己人而不得不停止炮击。没有一辆德军坦克能够穿越这道火墙而越过战略高速公路。大约下午两点，康莱斯放弃了进攻，德国人留下了16具燃烧着的坦克残骸，从这地狱般的战场撤离了。幸存的车辆掉头向北，在盟军舰艇炮火的又一轮轰炸下迅速撤退。

试图突破登录海滩和更远的东海岸的失败，使康莱斯付出了沉重代价。他损失了大约600人、1/3的坦克和他的所有耐心。撤回到寇塔及罗尼后，他对自己师团的表现大加痛斥，称之为"与德国士兵的名分不符"。他严厉批评那些"听信虚假谣言的军官，将整个部队向后移动"，以及那些"听到一声炮响就神经质地叫喊起来，并向后面逃窜"的人。康莱斯也许有理由蔑视凯塞林入侵之前将第15师调到岛西部的决定。如果有这些在这一领域训练过的同志支援，也许能使康莱斯有能力在盖拉将美军赶下海。

但是康莱斯对他的空中支援不能抱怨。入侵之前由盟军空军发动的一次闪电战将轴心国数百架空中和地面的飞机摧毁，尔后，半数以上的幸存飞机被迫飞回意大利本土基地。然而入侵的最初两天，没有美国战斗机飞临，轴心国的飞机自由地扫射和轰炸盖拉四周的海滩和水域。他们至少击沉了包括美军驱逐舰在内的3艘舰只，使得美军海员神经紧张不堪。

7月11日傍晚的晚些时候，随着康莱斯纵队的撤离，美国海军炮手看到低空飞行的飞机群掠过头顶，接着悲剧性地误以为这是不到一小时前攻击过他们的德国空军

　　在 7 月 12 日英军进入西西里以东的奥古斯塔这座港口城市之后，英军的一支小队在巡逻。英国人发现，惊慌失措的意大利军队在盟军的炮火轰击之前，就已经放弃了这座城市。一名德国军官后来这样描写意大利人：“作战的愿望来自领导层，而领导们已经不再对局势有完全的控制。”

轰炸机。于是他们向飞机开火，并摧毁了 23 架运载伞兵去增援盖拉滩头阵地的美国运输机。

到了 7 月 12 日，古佐尼放弃了将盟军从滩头阵地赶走的任何希望。他命令他的师部署一条防御线，以将英美部队控制在岛东南部的扇面里，或至少延缓他们的进攻，直到增援部队到来，使他能撤退到北部，组成一条新的防线。第 15 师已移动至抵抗西西里中南部美军前进的地方。赫尔曼·高瑞坦克师开始向东横移，以便与那波里师和抵抗沿东海岸英军的、被称为"思科梅尔兹战斗组"的德国特遣队连接起来。甚至是通常很乐观的凯塞林，那天早晨飞到安纳与古佐尼见面后，也能看出除了继续防守外别无选择。"我飞到西西里，除了头痛以外，什么也没得到。"他后来写道。

令凯塞林最为吃惊的是意大利军队的可悲表现，他将其形容为"完全垮了"。虽然一些意大利人作战勇敢，但其他数以万计的意大利军人要么一看到他们的敌人就放下武器投降，要么就开小差和漫游到乡下去。不像德国人和本土意大利人，西西里人知道，他们的仗打得越凶，他们自己的家乡就越有可能被毁坏。凯塞林把许多德国人的感受都表达出来了，他写道："意大利一些指挥官的好的意向和一些军官和军士的良好表现决不能让人们无视这样的事实：90% 的意大利军人是胆小和不想打仗的。"德国人不明白，他们的同盟对法西斯事业已不再有任何欲望和兴趣，这已变成德国人自己的事业。

意大利人的糟糕表现对古佐尼沿东南海岸实施新的防御战略产生了极大的妨害，而英国人将在那里发动进攻。锡拉库塞和奥古斯塔是那里两个比邻的港口城市，它们的防御极为坚固，以致古佐尼将它们列为他的防守中最为强大的阵地。但是锡拉库塞在攻击的当晚卑鄙投降，为距它北部 20 英里的奥古斯塔更为丑恶可耻的行为做了铺垫。在同一天晚上，驻扎在奥古斯塔的一小股德国海军部队离开了这个港口，乘着他们的鱼雷艇向意大利本土逃去。第二天晚上，也就是 7 月 11 日，意大利海军的一些成员开始砸毁他们的武器，点燃汽油和军火供应站。他们的指挥官阿德米莱奥·普里阿莫·雷奥那迪竟然无耻地将这些举动粉饰为，是对从海上来敌人侵当地的一种回应。其实登陆根本就没有发生。当 7 月 12 日早晨英军第 5 师的士兵攻打奥古斯塔的时候，他们这个要塞已被毁坏和放弃，它的守军已在混乱中向北逃窜。

锡拉库塞和奥古斯塔的丢失将通往北部卡塔尼亚平原的防守置于危险之中。这个海岸平原是一片沼泽低地，它从位于东海岸一半里程的卡塔尼亚港口附近开始，一直延伸到岛屿东北部顶端的墨西拿。它只有大约 12 英里宽，夹在大海和以埃特纳火山为主的山区内陆之间，埃特纳火山是一座高达近 1.1 万英尺的活火山。沿着平原行驶的 114 号沿海公路环绕着海岸，一直到墨西拿。墨西拿海峡是轴心国连接大陆的生命线。如果英国人能够实施突破，冲至距奥古斯塔直线距离只有 75 英里的墨西拿，那么实际上西西里岛上所有德国人和意大利人就都没有了退路。

在英军和这样的突破之间，唯一的一个障碍就是一支有效的德国军队——思科梅尔兹战斗组。这支特遣部队由来自赫尔曼·高瑞坦克师的一个步兵营和两个炮兵连，以及来自第 15 师的一个步兵团组成。他们的指挥官威尔海姆·思科梅尔兹上校是一个有战斗技巧的老兵，他的司机后来描述他像"石头一样坚硬"。

7 月初，威尔海姆·思科梅尔兹上校——赫尔曼·高瑞坦克师一个战斗队的指挥官，一听到意大利人已经放弃了卡塔尼亚地区，就将这一地区附近的零散部队聚合起来。他的部队单独阻止了英军第 8 集团军的前进，直到从德国来的增援部队赶到。

思科梅尔兹战斗组的意大利搭档那波里师，在它的指挥将军被俘后，实际上已经解体。可是，它所得到的补偿却小于所失。当思科梅尔兹于 7 月 12 日在奥古斯塔西北的山地打响了一场阻滞战斗，德国的增援开始抵达。从法国飞来的精锐第 3 师伞兵团的大约 1400 官兵，以极为精确的空降飘然而至。

在卡塔尼亚城南大约 3 英里处着陆后，这支伞兵部队立即开往前线。其中两个营沿 114 号公路而下，去增援兰惕尼以南的思科梅尔兹；第 3 个营与赫尔曼·高瑞坦克师的部分成员去填补思科梅尔兹右翼的空缺。第二天（7 月 13 日），载着第一伞兵机枪营的空军运输机在卡塔尼亚机场降落。这些部队沿高速公路而下被运往斯梅托河正南的阵地，这里距卡塔尼亚6英里。彭特·普里莫索里，是那儿一座400英尺长的跨河桥梁，第3师伞兵团指挥官鲁得威格·海尔曼中校，怀疑英国人会试图从海上或空中采取突然进攻的方式占领这座桥。

在同一天，蒙哥马利极为自信地认为对方会放弃抵抗，以致他将第8集团军拆开来，开始一次双管齐下的进攻。他派遣两个师先西后北进入山区扑向威兹尼，他将其形容为"左钩"，用来对付卡塔尼亚平原的守军进行的侧翼包围。

蒙哥马利的主要目标是打击正北面的卡塔尼亚。在7月13日晚，将同时进行三个进攻。两个计划中的打击直指轴心国防线后方的桥梁。一个空载突击团将会在着陆后占领河上的兰惕尼以北3英里远的马拉替桥；另一个空载旅将在向北8英里路就到达公路的普里莫索里桥的两侧降落，以确保这里的安全。与此同时，第

来自德军第1伞兵师的部队在沿着通往卡塔尼亚的铁路线构筑工事。这些老练的军人支撑着思科梅尔兹部队薄弱的队形，而且在普里莫索里桥英勇作战，这是这座城市以南一个关键的十字口。

50 师作为第三部分将从他们兰惕尼以南的位置向 114 号公路冲过去；在黎明时分，他们将与马拉替和普里莫索里桥的同志们会合，然后冲进卡塔尼亚河后边的平原。

随着在海滩的登陆，英国的突击计划于晚上 10 点开始实施。德国的伞兵和步兵在所有通往内陆大约 5 英里处的马拉替桥的道路上阻击英军突击队。但是，到了凌晨 3 点左右，英国人打垮了一群守卫大桥的意大利人，并将用于炸毁桥梁的炸药搬走。黎明到来了，可原定第 50 师来接替的部队并未出现，原来他们在兰惕尼以南被思科梅尔兹战斗组和其伞兵增援部队拖住了。于是，突击队处于德国坦克和迫击炮密集而猛烈的炮火之下，

在从德国人手中夺回普里莫索里桥后，胜利了的英国士兵坐在布朗式轻机枪履带装甲车里，从桥上呼啸而过。德军值得赞扬的是，他们是在经过激烈的抵抗之后，才撤出西西里的。"他们作战神勇，"伦敦《泰晤士报》的报道说，"他们是高质量的军队，冷漠而又熟练，是只忠于一个人的狂热分子。"

以致到了下午不得不放弃这座桥。然而，当第 50 师的步兵赶到，并以压倒性优势的兵力迫使德军撤退后，桥再度易手。由于撤退仓促，德国人来不及再安装爆破装置，因而马拉替桥完好无损地回到英国人手中。

向北 8 英里处的普里莫索里桥现在变成了激烈战斗的焦点。围绕着这座横跨浑浊的斯梅托河的钢梁，一场自战争以来最大规模之一的战斗，在两支敌对的空载部队之间狂风暴雨般地爆发了——这也是事关西西里命运的一场关键的遭遇战。

7 月 13 日晚，就在一天多之前德国空降团着陆点以南几英里的地方，盟军 C–47 运输机运载着英国第 1 伞兵旅抵达，一场殊死的遭遇在等待着他们。德国第 1 伞兵机枪营在 114 号公路正西面的一片橘树林的边缘，即桥以南 2000 码处构筑了工事，他们接到了赫尔曼的命令，不惜一切代价守住这座桥。

坏运气早已经跟上了英国人。从北非起飞开始，来自友军船只的防空火力就将 C–47 运输机的编队给打乱了。现在更糟，由于偶然的因素，德国的高射炮群正好精确地对准了半数以上的英国运输机着陆线。仅仅在几分钟之内，一个德军排就打下 3 架 C–47，另一个排则击毁了装载着火炮的 3 架试图在海滩降落的滑翔机。在空中的混乱中，那天晚上，伞兵部队执行任务的 1850 名军人中只有不到 300 人落在了桥四周的目标区。

现在，德国机枪手把注意力都转向了在地面上的英国对手。在夜间，德国人共抓获了 82 名由于失误的空投而失散的盟军士兵。7 月 14 日太阳升起后，德军的迫击炮和机关枪一起开火，将位于桥南大约 1 英里的一座小山上的英军赶走。不久，他们又包围了另一座山头。一些干草被炮火烧着，于是火海烘烤着英军的防御工事。大约上午 9 点左右，英军最终通过无线电与离海岸不远的新大陆号巡洋舰取得联系。随之而来的 6 英寸炮弹的齐射压制了德军的又一次突击，从而形成一个僵局。

在南边先前被英军夺取的马拉替桥由于在普里莫索里桥的视野之外，这里的德军并没有意识到它已易手英军。几小时之前，大约在凌晨 2 点，55 名英国伞兵组成的特遣队从北岸发起进攻。当一架英国滑翔机冲上桥梁时，意大利守桥部队在惊慌中逃走了，英军得以完好无损地拿下这座桥梁，并拆卸了安装在桥梁上的爆破装置。随即他们经受了敌人猛烈的进攻和一些德国 88 毫米火炮的轰炸，然后享有了一段安静时刻。

与此同时，德国人为了反击正在聚集力量。在北部的卡塔尼亚，一个团参谋长福兰兹·斯坦根博格上尉得知英国人占据了普里莫索里桥，于是他着手组建一个战斗队，准备将桥重新夺回来。除了伞兵机枪营仍守在桥正南，其余所有的战斗部队，包括伞兵部队和思科梅尔兹战斗组，都投入到抵抗英国步兵进入兰惕尼附近的战斗中。斯坦根博格想尽一切办法凑成了一支 350 人的队伍，其中包括通信连的通信专家、所有秘书、厨子、

在灼人的阳光下，德军伞兵在西西里东部的山道上艰难地跋涉。岛上陡峭、狭窄的道路几乎是骡子的道路，几乎是无法使用机动车辆的，这同样阻止着轴心国和盟军的部队。

机修工、司机等等所有他能搜刮来的人。

斯坦根博格召集了一个 88 毫米高炮连，用来进行火力支援，然后他率领 200 人沿 114 号公路直奔普里莫索里桥。同时，一个 150 人的通信连在桥东过河。14 日下午刚过 1 点，斯坦根博格开始攻击北岸，同时无线电专家们准备突袭南岸。

由于腹背受敌，加之人数上接近 1∶2 的劣势，英军守卫部队退却了。而过了河的通信连则缓慢前进，并开始抓到俘虏。对于这敌对双方的空降精英部队来说，他们是以不情愿的相互敬佩来看待对方的。英国人是"出色的同行。"鲁道夫·波姆勒少校后来写道，也许这是对同事间精神的过分夸大，"对于我们德国伞兵来说，不得不与一个精神风格上与我们十分相近的对手作战，这真是遗憾，而且他们似乎对自己被德国的'武装同事'所俘虏，并不感到恼怒。"

被围困的英军在整个下午徒劳地等待着原来预定黎明后不久就来接替他们的步兵。他们的弹药即将耗尽，而且失去了与给予炮火支援的海军的无线电联系。到了下午5：30，他们被迫从北岸的阵地撤出，拥挤在桥南端两个水泥碉堡后面。斯坦根博格搬来了一挺88毫米高速防空机枪，置于河北岸，接着开始对碉堡进行猛烈的扫射。下午6：30，在普里莫索里桥坚守了16个小时之后，尚存的英军退到南面的小山上，在那儿他们仍然徒劳地试图与兄弟部队联络。斯坦根博格由厨子、秘书和通信人员组成的杂牌军以胜利者的姿态欣喜地拥上了大桥。

就在黄昏之前，斯坦根博格在考虑着他的进一步的大业。这时有报告说，有一股部队从南面沿着114号公路向北移动。斯坦根博格一直盼望着赫尔曼第3师伞兵团的两个营——大约900名急需的、至关重要的援军能够到来。令他沮丧的是，出现的情景是由坦克支援的英军第50师先头部队。这些人早已占据了马拉替桥，而现在他们是来接替这些自午夜以来，一直奋战在普里莫索里桥以南高地上的英国伞兵。救援部队在灼热中经过20多英里路的跋涉之后疲惫至极，他们稍做休息。

斯坦根博格徒劳地等待着伞兵部队的增援。已经接近 3 天了，赫尔曼的部队被阻断，无法到达斯梅托河。但是 7 月 14 日晚上增援终于来了，450 名左右的德国第 1 伞兵工程营的军人在卡塔尼亚机场附近降落，并向南移动以援救在桥两端的斯坦根博格临时拼凑的特遣队。他们还得到了来自德国第 1 伞兵机枪营部分人员的支援，这些人从他们的部队分离开来，并设法找到自己通往斯梅托河的路。

第二天，即 7 月 15 日早晨 8 点，英国德海姆轻步兵团沿 114 号公路向桥的方向进发。他们背后有重型火炮的支持，有舍尔曼坦克的伴随。一个英国空降部队军官这样描述这次进攻："德国人直到德海姆进入大约 50 码，即大约近距离平射射程之内才开火，像割麦子一样将英军先导排刈倒。他们对准坦克不断地直接扫射，效果是，迫使它们保持停止状态，因而不能识别敌人的目标。没有了坦克的掩护，步兵的进攻就只得溃败。"

在下午这段时间里，前一段表现不错的德国通信连从卡塔尼亚折返回来，以增援普里莫索里桥，他们来得正是时候。午夜时分，德海姆的两个连在位于桥西大约 400 码的地方渡河。他们突然袭击了德军，并在桥的北端占据了一个立足点。拂晓时分，一支由坦克引领的英军开始渡河。一挺德国 88 毫米的火炮使头两辆舍尔曼坦克丧失战斗力，天黑以前，它又摧毁了 3 辆以上的坦克。后来，德国人撤退到一片茂密的葡萄园和桥北几百码距离的一条深陷的小道，整整一天，他们进行了殊

1943 年 8 月初，德国的 Ju52 式飞机运载着军需物资在海浪尖上飞行，试图躲过来自 B—25 轰炸机的机枪扫射。虽然德国驾驶员紧贴着海平面以躲避被发现，但来自墨西拿海峡盟军战机的袭扰，还是挫败了不少给承受着巨大压力的轴心国部队运送紧急援助的飞行。

死的战斗。

为了扩大北岸他们根基不稳的桥头堡，英国人在 7 月 17 日早些时候再次发起攻击。6 个火炮团的 160 门火炮一起开火。增援部队开始渡河，更多的坦克驶过了这座遍体伤痕的桥。战斗甚至比前一天更为野蛮和惨烈。英勇的德国通信兵打坏了 3 辆英军坦克，但是大多数战斗是在近距离用刺刀和拳头展开的。一个没有了武装的德国伞兵企图躲到一棵橡树中，当一些英国士兵想要将他打倒时，他向他们吐唾沫，结果死在一阵猛烈的、复仇的枪弹中。一个受伤的伞兵挣扎着起来，想要投手榴弹，又被击中。他再次站起来，高喊"希特勒万岁！"然后用刀自杀。

阳光下，战场上摆满了双方的死尸和垂死的人。德国通信连的指挥官艾瑞克·费舍上尉看到这惨景难过至极，于是冒着生命危险去救助伤员。一名被俘的英国军医，高高地挥舞着一条白色的手绢，以便让费舍在两军之间安排一次暂时的停火。"德国人和英国人彼此大声叫喊，以示意他们的重伤员躺在什么地方。"费舍回忆道，"一切都进行得十分顺利，最后，两列长长的伤员队伍，有的在搀扶着别人，还有那些与战地救助有关的人员，离开了战场，消失在布满烟尘的、被晚霞映红了的图景中。我要求'我们'的英国军医依次向英国人说上几句感谢的话，然后让他随最后一组伤员离开。"

对于守卫在普里莫索里桥附近阵地的德军来说，

那天英国人施加的压力实在是太大了。德国工程兵的指挥官保尔·阿道夫试图摧毁这座桥梁，装载着爆破装置的卡车多次想要接近目标，都失败了。在最后的一次尝试中，阿道夫自己也负了致命之伤。

在桥上和附近激战了 80 多个小时之后，德国人在下午撤退了——但走得并不远。幸存的工程兵和机枪营及通信连的残余人员一起，退到了位于弗索·伯塔塞托的预备阵地，这里是一条干涸了的灌溉渠，位置在桥北 2.5 英里处的卡塔尼亚机场边缘。在战场上德军大约有 300 人死亡、115 人被俘，英国德海姆轻步兵团有 500 人死伤或失踪。这样的例子反映了德国伞兵部队从他们的仇敌那里赢得了尊敬：当他们的一位军官被带进战俘营的时候，一位英国指挥官把他叫住，静静地与他握手。

在弗索·伯塔塞托的德军防守稳固。在新近抵达的第 4 伞兵团、赫尔曼第 3 师的伞兵团，以及思科梅尔兹战斗组一部的支援下，他们在两周多的时间内，粉碎了英军每一次接近卡塔尼亚的企图。对于英军在向卡塔尼亚平原方向突破的无能，事后有多种解释：不可思议地缺少近距离的空中支援，取消了计划中的一次在卡塔尼亚一线后方的海上登陆，蒙哥马利在攻击点上聚集他的部队方面出现的不典型失误。但是，还有另外一个教训就是，德军伞兵表现出来的勇敢和顽强，让英国人领教了这场战争中最为惨烈的战斗。"与他们战斗，"英国《泰晤士报》写道，"对于每一个士兵来说都是一种教育。"

向意大利之靴边战边退

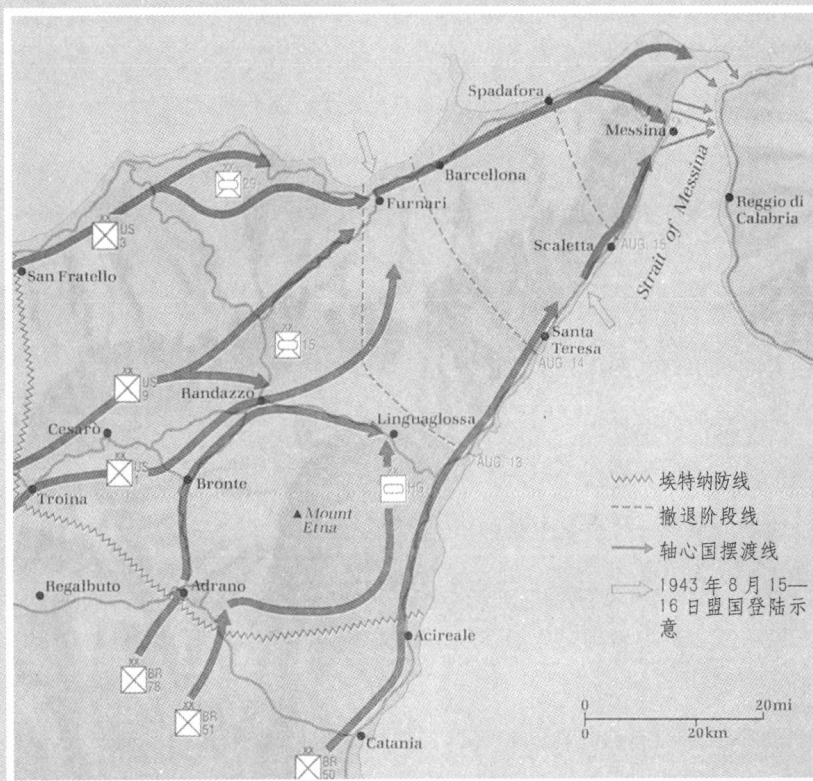

Spadafora

Messina

Barcellona

Furnari

Reggio di Calabria

Scaletta AUG.15

Strait of Messina

San Fratello

Randazzo

Santa Teresa AUG.14

Cesarò

Linguaglossa AUG.13

Troina

Bronte

Mount Etna

Regalbuto

Adrano

Acireale

Catania

埃特纳防线

撤退阶段线

轴心国摆渡线

1943 年 8 月 15—16 日盟国登陆示意

0   20mi

0   20km

在 7 月下旬退至西西里东北部的埃特纳一线之后，德军指挥官胡比就焦虑地等待撤退的命令。但是以墨索里尼倒台而告终的混乱政治形势，以及希特勒不愿交出土地的犹豫，使得放弃这个岛屿的决定迟迟不能做出。于是，德军继续战斗，并在圣福来特罗、特罗依那和阿特莱诺一线构筑工事，并击退了盟军的反复进攻，直到耗尽了储备，而且其后方受到两栖登陆的威胁时，胡比才命令他的各个师撤退。最终，在 8 月 8 日，凯塞林才自作主张，下达撤退的命令。德军于是撤至墨西拿，然后撤过凯拉布里亚海峡。

在普里莫索里桥的抵抗，使德军无暇在一位新的指挥官领导下加强他们的防守。汉斯·胡比将军，是一位第一次世界大战的独臂老兵，他在俄国前线证明了他是坦克部队最有能力的领导人之一。7 月 17 日汉斯接任西西里部队的指挥官，而此时他的东线部队正进入位于弗索·伯塔塞托的新阵地。希特勒通过凯塞林给他的命令是："尽可能延缓敌人的推进，并在爱特纳前面阻止其前进。"

胡比意在爱特纳一线站稳脚跟，这将把西西里这个巨大的火山口从西南方向斜着斩为两块，因而等于把岛屿的整个西部放弃给了盟军。这条防线从卡塔尼亚延伸到北海岸中位的桑托·斯台方诺，覆盖了岛屿的东北部。防守人员主要来自意大利师团的余部，再加上 3 个多德国师团，其中包括新近到达并重组的第 29 坦克掷弹师的一部，其主要是以在斯大林格勒幸存的军官为主体而组建的。

面对德国人向那些新的防守区域缓慢地边打边撤，盟军在 7 月下半月突然采取了不同的行动策略。在第 8集团军的东翼受困于卡塔尼亚的情况下，蒙哥马利向思纳和列奥佛迪挥出了他的"左钩"，一路作战，穿越西西里中部崎岖不平的山区。而巴顿则从南部美第 7 集团军滩头阵地冲杀出来，从而决定了一个突然的新的转折。由于担心蒙哥马利最终会在卡塔尼亚取得突破，赶在美国人之前去墨西拿，从而攫取所有的荣誉，巴顿经过亚力山大的许可,于7月18日发动了一场壮观的长途奔袭。

巴顿派遣3个美国师猛烈冲击防守薄弱的岛的西北部。第3师则以每天25英里的速度,在炎热和崎岖的山区急行军,这种速度后来以该师师长卢西亚·K.特拉斯考特少将的名字命名而为人所知——特拉斯考特小跑。美军只有在需要时间接收数以万计试图向东撤退的意大利军队的投降者时,才把速度降下来,7月22日,特拉斯考特的部队驶进巴勒莫这座位于岛屿西北端的古老的港口城市。当巴顿进入这座城市时,正好是夜幕初上,他发现这位得胜的部下已经躺在床上。

西西里最大城市的陷落,虽然在军事上的重要性并不大,但却加大了困扰着意大利政府的政治危机。为他的国家的战争损失而变得心力交瘁的墨索里尼3天以前——7月19日,在意大利北部的费而特里与希特勒会面。墨索里尼没有听他的高级将军有关坦率地与希特勒表达意大利急需从战争中解脱出来的建议,而当这位德国独裁者列数意大利的短处和不是的时候,他只是无言地坐在那里。仅仅是因为盟军首次轰炸罗马的消息才暂时打断了元首长达两小时的独白。对这个干扰的报告,希特勒不为所动,他决心加强他这位老伙伴薄弱的意志。让他的下属感到吃惊的是,希特勒甚至提出了这种可能性——调足够的德国军队到西西里以"使我们完全能够发动进攻"。

墨索里尼返回罗马后,仍然没有认真对待怎样使意大利从希特勒铁一般的拥抱中挣脱出来的主意。但是，他的同事，甚至包括地位高至维克多·艾曼纽三世国王所组成的密谋集团，已经决定了这位领袖的命运。在7月25日的早些时候，法西斯大议会投票剥夺了墨索里尼的军事权力。这天的晚些时候，老国王要求并接受了他21年前作为独裁者任命的这个人的辞呈。随着被罢免，墨索里尼那天下午离开罗马附近的皇家别墅，他即刻被告知"为了他自己的安全"他被逮捕了——被一辆救护车拉往一个秘密的地方关押。

这件事令希特勒感到震惊和迷惑。虽然新总理马歇尔·彼得罗·巴道格里奥宣布战争将继续下去，并许诺继续效忠轴心国，但希特勒怀疑这是意大利即将叛变前的诡计。他对巴道格里奥取得支配权极为愤怒，将其称为"我们最仇恨的敌人"，他还威胁对意大利进行立即占领，甚至绑架国王。理智占据了上风，希特勒的部下对一旦意大利垮了就对其进行占领的早先的可行性计划，做了修改和提炼，同时甚至是几天前，还吹嘘说要在西西里发动进攻的元首本人，也对这一损失认命了。一旦确信墨索里尼是真的被赶出局，希特勒认定，他不得不撤出西西里——这是公认的一步棋，因为它已经维持不了多长时间了。

给胡比将军准备撤退的命令，是7月27日发出的，即墨索里尼下台后的两天。经古佐尼的同意，胡比已经非正式地统领岛上意大利和德国的部队，而他的部队则在全线激烈地战斗，以延缓敌人的行动。随着第 29 坦克掷弹师部分部队从大陆到来，胡比将他们派往北部地段，以防止美军沿桑托·斯台方诺附近的海岸实施突破。在 7 月的最后一个星期，这些部队，以及第 15 师和东面的赫尔曼·高瑞师，利用山区地形进行了顽强阻击。随着他们缓慢地撤至艾特纳一线，德国工程兵极其熟练地埋设了地雷。由于西西里坚硬的熔岩含有很高的铁质成分，从而误导了盟军的磁性探雷器，结果地雷发挥了不寻常的作用。

胡比有意将艾特纳防线的中段和北段作为山地防守的系列重点，而不是把防守力量呆板地连续分布。每个重点坚守的时间都应足以使德军能逐渐而有序地撤退。到了 7 月末，美国军队沿海岸高速公路和位于内陆 20 英里处的 120 号公路，平行向东穿插，威胁到艾特纳防线的北部。7 月 30 日，德军第 29 师从防线北端的桑托·斯台方诺撤回到圣·福莱特多。但是对胡比来说，阻止美军和防止英军在中部突破的关键在于更远的内地——围绕特洛依纳的山脊，这儿横跨位置在艾特纳山以西大约 20 英里的 120 号公路。

7 月 31 日，埃博哈德·罗特将军的第 15 坦克掷弹师在特洛依纳北面和南面的 6 座小山上构筑工事。他的部队，加上意大利奥斯塔师的少量人员，在人数上远远不及正在逼近的美军。不过原来曾散架的第 15 师，自战役开始以来，这次是第一次作为一个完整的师团投入

独裁者的倒台

当 1943 年 7 月 25 日那个星期天的晚上，意大利电台第一次宣布墨索里尼辞职的消息，整个国家的市民们欣喜若狂，他们中的一些人身上只穿着睡衣，就冲上街头庆祝。"我们终于可以说我们所想的了，"一位兴奋的罗马人说，"我们能够呼吸了。"

近来盟军在西西里的一连串胜利，以及 7 月 19 日对罗马的轰炸，甚至使得许多以前对这位领袖最热情的支持者都转而反对他。对绝大多数意大利人来说，独裁者的倒台意味着战争的终结和由此带来的苦难的终结。一群群高喊"打倒法西斯！"和"处死墨索里尼！"的人，砸碎、焚烧这位前领导人的塑像和画像，痛打法西斯分子和洗劫政府官员。

两天后，当主要由法西斯分子和军队领导人组成的过渡性政府进行压制的时候，人民的喜悦转为担忧。但是人民最终掌握了自己的命运：不到两年后，在这场战争的最后日子里，墨索里尼将在意大利游击队员的手里耻辱地死去。

兴奋的罗马人在阅读《Messagero》报上有关墨索里尼倒台的新闻，上面的标题是"自由意大利万岁！"

一群挥舞棍棒的意大利人在击打米兰市一座已倒塌了的墨索里尼雕塑。

使用，而且准备得很充分。几天前，当罗特的部队慢慢
地向东撤退时，他就已经派遣工兵和其他部队大量埋设
地雷，以对付逼近的敌人，并沿着特洛依纳山脊修筑地
堡，安置火炮。这些山高达 4000 英尺，而安置在上面
的枪炮可控制 120 号公路，以及这条贫瘠、充满灰尘的
碗形山谷，它横跨通往向西 5 英里左右的凯拉米的所有
道路。

那天下午的晚些时候，美军从凯拉米发动了他们
对特洛依纳的首次进攻。他们的情报部门预测，德军的
位置在更东一点，而且报告说，特洛依纳的"防守薄弱"。
虽然他们的部队是由一个整编步兵师，再外加一个团组
成，但美军指挥官如此自信，只投入了不到一个满员团
来进行第一次突袭。

暴风骤雨般的回击把美国人打蒙了，他们闯入了
德国火炮和机枪自上而下倾泻的火网之中。日复一日，
美军保持着进攻，为他们提供支援的火炮在不断增加，
数量不少于 165 门。8 月 4 日，也就是开始进攻后的第
5 天，美军的攻势达到顶峰——所有 72 架 A－36 战斗
轰炸机一轮接着一轮，从早到晚向德军阵地猛烈轰炸。
而德国空军则毫无抵抗，他们在一个多星期以前就逃离
了西西里机场，现在他们从大陆平均每天只能派出飞机
60 架次。在盟军步兵潮水一样的再次冲击下，暂时混
乱的德军又聚合起来，实施回击。意大利奥斯塔师的一
个营，在反击中抓获了 40 名俘虏。那个星期，德国人

在通往西西里中部尼索利亚的路上，一名来自第7集团军的军警与两名德军俘虏休息一会儿，抽支烟。由于糟糕的地形和德军后卫高效的行动，使德军在从西西里两周有序的撤退过程中，几乎没有什么损失。

和意大利人在特洛依纳至少发动了 24 次反击。

战斗进行到第 6 天，8 月 5 日，罗特将军意识到，现在是他的师停止阻击行动的时候了。一个美军新到的团，从北面构成对他进行包抄的威胁；向赫尔曼·高瑞坦克师迫近的军队和加拿大军队，试图从南面一口吞掉他。他的物资短缺，用他的一位参谋的话说，就是"现挣现吃"，而且部队人员损失严重。残酷的战斗使该师

1600 人死亡。胡比将军一开始拒绝了罗特关于撤退的请求，而几小时后又认可了。当第二天早晨美军开进被炮火摧毁了的特洛依纳城时，德国人已经跑了。

随着德军从特洛依纳的撤出，艾特纳防线破碎了。往东，伞兵部队和思科梅尔兹战斗组已经结束了他们在普里莫索里桥以北不寻常的防守，根据 8 月 4 日晚的命令，放弃了卡塔尼亚。赫尔曼·高瑞的坦克师 8 月 6 日从阿德拉诺撤退了，这是一个位于防线中部激烈争夺的要点。8 月 7 日，第 29 师被迫离开了圣·福莱特多，撤向北海岸。所有撤退沿着战线有序地进行着，这使德军能够在距墨西拿几英里的地方聚集他们的防守。

现在是走的时候了。8 月 8 日，战地元帅凯塞林向胡比下达命令开始撤退，行动代号为"莱尔甘行动"（训练之旅），该计划在墨索里尼倒台后不久就开始着手准备了。凯塞林这样做并没有和希特勒商量，后者在消息后来传到德国时，也没有表示反对。由于害怕盟军的两栖登陆可能切断逃往墨西拿的路线，胡比按自己的考虑，已经开始撤退那些伤员和无须执行后卫战斗任务的部队。在 8 月最初的 10 天，共有 8615 名德国军人和 4489 名伤员跨过两英里宽的墨西拿海峡，抵达卡拉布里亚，这只意大利靴子的脚趾尖。

莱尔甘行动计划最典型地反映了德国人的逻辑思维。战斗部队分阶段撤退。当部队到达 5 个相连防线的每一段时，大约 8000 名军人就会被安排沿着沿海高速

　　一艘德国摆渡船准备将一卡车士兵从墨西拿运往意大利大陆的卡拉布里亚。盟军战舰零星的炮击和夜晚不准确的空袭几乎没有对轴心国军队从西西里的撤退造成任何麻烦。一位指挥这次行动的军官吹嘘道："我们没有将一个德军士兵、一件武器或一辆车留给敌人。"

公路中的一条或两条，向墨西拿北部 4 个设定好的登船地点前进。等待他们的将是一支由 33 艘海军驳船和数十艘登陆艇、摩托艇组成的船队，以及 12 艘以协博渡船知名的精巧飞船。这种 1940 年由飞机设计师弗里兹·协博发明的用来入侵英国的飞船，由钢梁将一对巨大的浮筒连在一起，上面再铺上平台，动力来自两个飞机发动机。意大利人利用小型蒸汽船、大型摩托艇和一次可搭载 3000 人的拖船组织了他们自己从墨西拿地区单独但同时进行的撤离。为了保护德国和意大利的船队，大约布置了 500 门枪炮，其中包括防空部队的、海军的以及可以用于同时反击来自空中和陆地攻击的武器。它们被沿海峡两岸密集部署，以致盟军空军将其描述为"比鲁尔还重型的防守"（鲁尔，系德国得到重点防御的工业心脏地区）。

德国人 8 月 11 日晚开始实施莱尔甘行动，一些部队在距墨西拿 40 多英里的地方仍然在进行着战斗。他们不得不一步一步地缓慢后退，以延缓盟军的推进速度；在轴心国部队分阶段逐步接近登船地点的时候，盟军沿两岸的推进，显得极为强劲。工程兵埋设了最后的地雷，炸毁了桥梁和沿岸高速公路的很长一部分。曾有 4 次，在不同的情况下，撤退中的德军躲过了盟军在他们后方进行两栖跨越的企图。盟军没有足够的突击船只，来充分地做这件事。

撤退工作进行得如此顺利，甚至超出了计划者最乐观的估计。盟军在空中和海上占有压倒性的优势，使德国人产生了严重的怀疑。"我们都深信不疑，"一位德国上校写道，"我们中只有少数人才能从这个岛上安然无恙地撤离。"可是，盟军并没有认真地试图从海上进行截击。面对令人生畏的德军炮火，盟军空军平均每天250架次的攻击证明显然是不够的，甚至，虽然大多数跨海的运兵船只都是在目标明显的白天运行，但统一行动的盟军空军在墨西拿海峡只击沉了区区7艘轴心国的船只，仅打死了一名德军士兵。

当美国巡逻队于8月16日晚上10点进入墨西拿的时候，一个我们熟知的故事再次上演了，他们赶在英国人之前到了这座岛屿的顶端。这座城市被摧毁和放弃了，敌人也走了。几小时之后，即8月17日上午6:35，胡比将军从卡拉布里亚报告，已经成功地完成了莱尔甘行动。德国人共撤离了4万部队（其中2.6万人的撤退是仅在6个晚上进行的）、将近1万辆机动车辆和他们的绝大部分装备。意大利人救出7万名士兵和海员，以及一些装备和12头骡子。

盟军当然得到的更多，他们占领了西西里。他们在轴心帝国戳了一个洞，促使墨索里尼的下台，而且在意大利本土的边缘，获得了稳固的立足点。他们以相当合适的代价完成了这一切：自己损失2万部队，而德军是2.9万，意大利军是14.4万——后者几乎都成了俘虏。

但是，德国人也应该感到骄傲。面对盟军空军和

海军的绝对优势，以及在人数上 7 ：1 的处于巅峰状态
的军力，德国人应该说在某种意义上赢得了胜利。在从
他们的意大利同志那里只得到一点帮助的情况下，他们
将一场盟军的领导们预计只进行两个星期的战役，变成
了一场持续 38 天的阻滞战斗。而且现在，由于出色地
实施了战略撤退，有三个半德国师回到了意大利本土，
他们装备齐全、精神顽强，随时准备投入战斗。

墨索里尼担心地看着小型的菲斯勒斯托克侦察飞机的座舱，这是他的拯救者奥托·斯科尔采尼（右）用来使领袖逃脱的。这位前独裁者要求把他送往他在罗马的别墅，但他的要求被拯救者拒绝了。

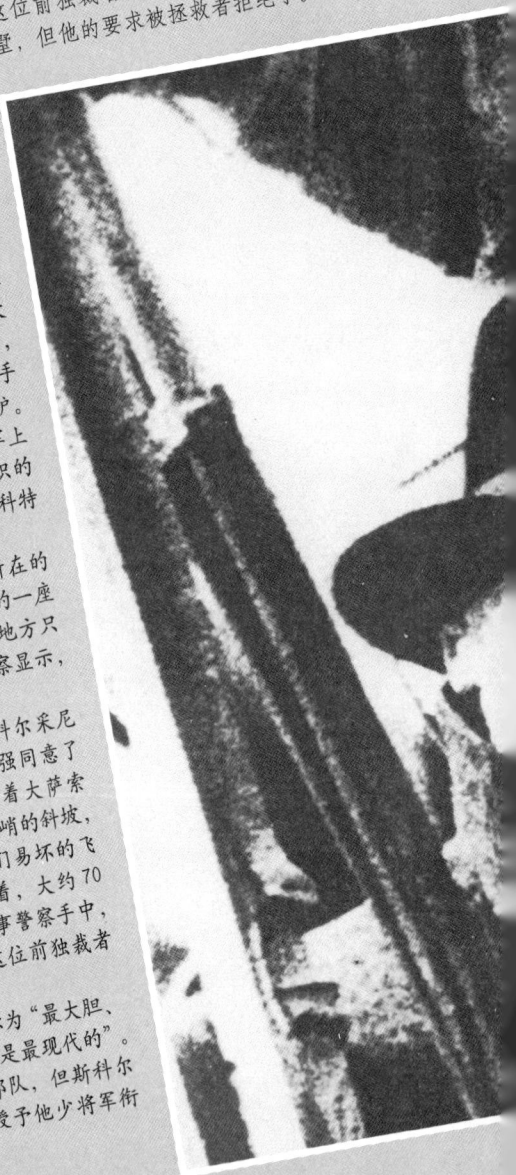

抢救领袖

1943 年 7 月 25 日，当阿道夫·希特勒得知墨索里尼已经被废黜，并且被逮捕，他立即命令营救这位意大利的独裁者，他的"亲爱的朋友"。希特勒准确地推测到，意大利的新政府正在与盟军谈判投降的事宜。在他们手里，墨索里尼将是个有力的宣传武器，他必须得到保护。为了执行这次营救行动，希特勒挑选了 Waffen 党卫军上尉奥托·斯科尔采尼，这位新的党卫军特别行动组织的35 岁的头目。行动的总指挥是德军空降部队的首领科特·施图登特将军。

经过一个月的侦察，斯科尔采尼将墨索里尼所在的地方锁定在位于 6 千英尺高的意大利大萨索山上的一座滑雪小旅馆，这是亚平宁山区最高的区域。这个地方只有通过索道才能上去，但是，斯科尔采尼的空中侦察显示，就在这旅店下面，有一块三角草地。

为了出其不意地袭击墨索里尼的卫兵，斯科尔采尼建议在这块小草坪上降落滑翔机。斯图登特勉强同意了这个计划。9 月 12 日下午两点，8 架滑翔机向着大萨索滑去。斯科尔采尼的所谓"草地"证明是一个陡峭的斜坡，是不可能降落的；于是，驾驶员大胆地将他们易坏的飞机降落在旅馆台阶下面一条狭窄空地上。接着，大约 70 名伞兵未发一枪，从至少 150 名意大利准军事警察手中夺取了旅馆。那天晚上，斯科尔采尼护送这位前独裁者去往维也纳一个安全的地方。

墨索里尼本人将他在大萨索的逃脱，称为"最大胆、最浪漫的事情，同时，在方法和风格上，又是最现代的"。虽然更多的荣誉应该属于德国空军伞兵部队，但斯科尔采尼也是功不可没——经希特勒同意，授予他少将军衔和令人艳羡的铁十字骑士勋章。

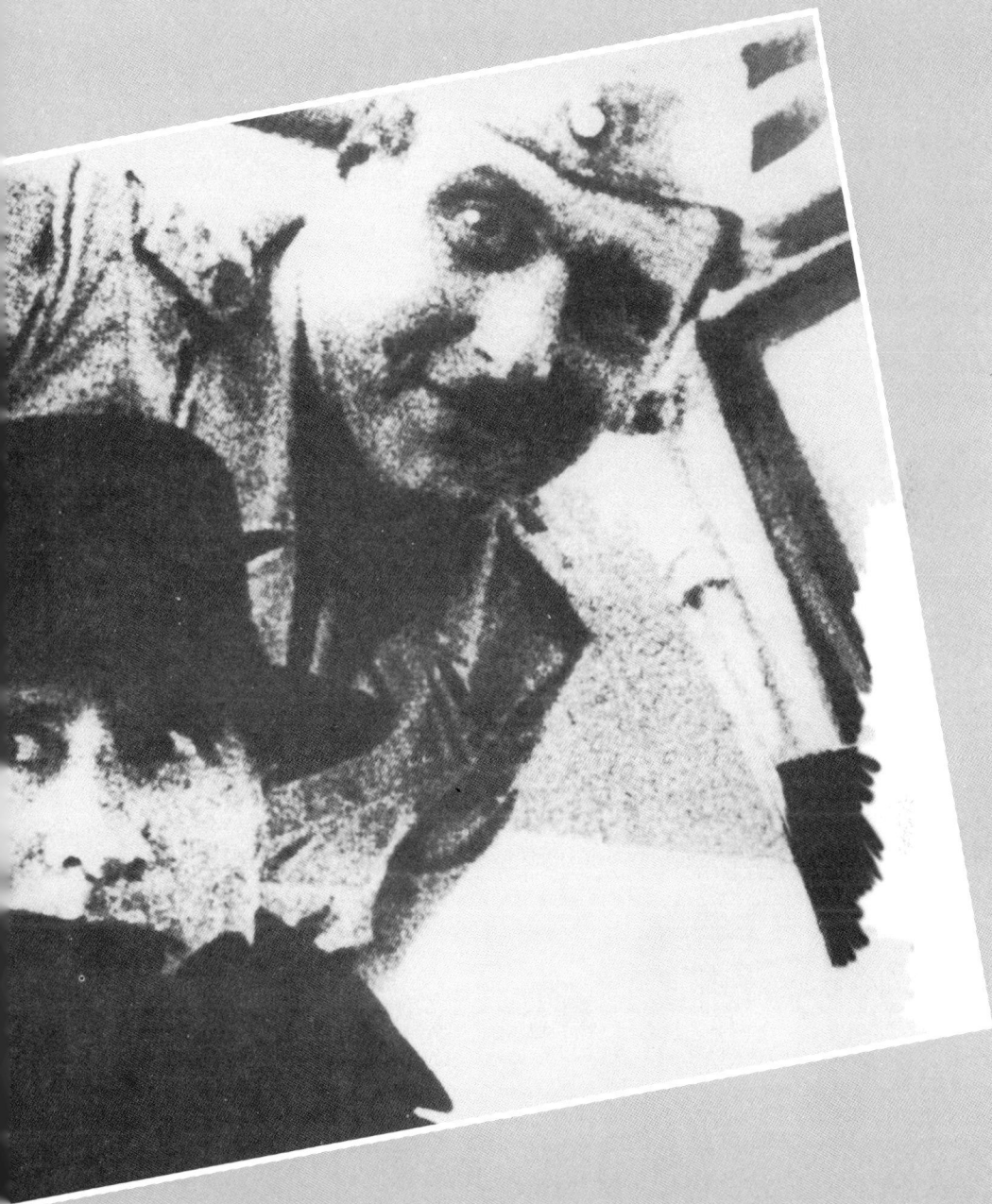

科特·斯图登特将军的伞兵在大萨索登陆训练中，练习从滑翔机下来后的模拟进攻。他们的DFS230滑翔机特别在鼻端安装了3个用来刹车的火箭，还在尾部装了拖拉降落伞，以使降落时滑翔机滑翔的距离尽可能的短。

为了大胆的突袭而苦练

在突袭的时刻，伞兵们在扣上当滑翔机升高时所需的用具。所有的士兵都是志愿参加这次危险的任务，尽管斯图登特将军的策划者预计伤亡将达到 80%。

一次在糟糕的地形
上猛烈撞击的着陆

　　这架滑翔机和其他6架在旅馆四周由岩石构成的突出部安全着陆。那些石块甚至帮助用钢管、木料以及帆布制造的滑翔机停住而没有受到损害。但是第8架滑翔机由于受到一阵大风的影响，撞到地上，所有10名乘坐的士兵严重受伤。

　　从撞坏的滑翔机里救出的一名受伤的伞兵由两位士兵搀扶着。此时，在这次行动中，由奥托·哈罗德·莫尔斯少校带领一个伞兵营已经占领了地势较低的缆索铁道站，并利用缆车将增援部队运到山顶。突袭者们后来借助铁道逃离，然后将其毁坏。

抢夺被废黜的独裁者

墨索里尼就囚禁在旅馆的二层楼里。在着陆后的 4 分钟之内，斯科尔采尼的士兵就打碎了警卫部队的无线电发报机，并冲入墨索里尼的房屋。卫兵们投降了，从窗户上伸出一条白色床单。

当胡子拉碴的墨索里尼穿着一件不合时宜的便服，由斯科尔采尼（挂望远镜者）和空军伞兵们引领着走出旅馆时，全然没有了通常所有的虚张声势。斯科尔采尼向他的被幽禁者祝贺说："领袖，元首派我来的！你自由了！"墨索里尼回答道："我知道，我的朋友阿道夫·希特勒是不会丢弃我的。"

斯科尔采尼帮助犹豫不决的领袖进入等候着的两座斯淘克式飞机。驾驶员亨里克·格尔兰克上尉看到斯科尔采尼在墨索里尼之后也爬进来，使飞机超载，感到十分沮丧。为了陪伴他的被幽禁者抵达最后的目的地，斯科尔采尼选择了"与他同担风险，即使我的存在增加了这种危险"。

当小飞机在临时将就的跑道上滑行时，德国伞兵和意大利军警向其行礼，是他们把跑道上大块的石头清除掉的。当格尔兰克将引擎发动至最大功率时，12个人将飞机拽住。

经过在悬崖峭壁边缘上令人呕吐的颠簸以及
向谷地长距离的俯冲之后，格尔兰克设法使斯
淘克保持平衡，并朝向罗马附近的普莱迪卡迪
麦勒空军基地前进。在那儿，斯图登特和3架
赫111s 式飞机在等着，进行领袖下一阶段的维
也纳之行。

在东普鲁士拉斯坦博格附近的一个简易机场，感激万分的墨索里尼向希特勒道谢说："元首，我该怎样感谢你呢？"按照希特勒的计划，这位倒台的领袖将通过领导一个在意大利北部新近产生的德国傀儡政权，来表示他的感激。

3. 撞击欧洲轴心国之门

甚至当最后一批德国和意大利部队还正在从西西里撤退的时候，希特勒和他的武装力量最高统帅部（OKW）已经在急迫地修订他们地中海地区的防御计划了。他们对盟军在西西里行动中表现出来的两栖作战能力，留下了很深的印象。显然盟军不久将再次使用它。但是会在哪儿使用？潜在的目标可以列出一个长长的单子：希腊、阿尔巴尼亚、南斯拉夫、法国南部、撒丁岛、法国的科西嘉岛、意大利本土，包括意大利之靴的脚趾、脚后跟、那不勒斯、罗马的南部和北部、来亨、亚得里亚沿海港口。希特勒仍然相信盟军的下一个入侵地点将在巴尔干。为什么？他争辩说，那里有明显的战略利益，难道盟军愿意满足于占领一个又一个岛屿？无论是到撒丁岛，还是到科西嘉岛，或者插入意大利本土，那儿的地形都有利于顽强的防守者，或早或晚，在那里，阿尔卑斯山建立的壁垒将会阻挡一切不利于德国军队的攻击。

然而，一些德军策划者则相信，盟军可能会选择比巴尔干更近、更容易攻占的目标。比如掌握撒丁和科西嘉，将会为他们提供更接近于法国和意大利北部的空军基地。从这两个大岛，他们能够对工业中心进行空中

1943 年 10 月，在攻击位于那不勒斯北部沃尔图诺河战线的盟军之前，德军工兵在互相用干草做伪装。下了几个星期的雨之后，沃尔图诺河咆哮的洪水成了德军主要的盟友，因为他们试图要将英国人和美国人都牵制在河的南岸。

打击，并为在法国南部和意大利中部的其他两栖登陆提供空中掩护。仅仅罗马的陷落，就会是一个巨大的心理和政治上的胜利——第一个欧洲轴心国首都的陷落。在罗马北部的成功登陆，还将迫使德军将他们在意大利中南部的军队全部撤退到位于亚平宁山脉北部的最后一道防御阵地，在那儿，他们将不得不全力奋战，以将盟军阻挡在波河流域工业区之外，从而同时封锁住自身通往德国的通道。

对于德国战略家而言，更符合逻辑的恐怕是，盟军也许就简单地选择从西西里一步跨越狭窄的墨西拿海峡，到达意大利的脚趾——卡拉布里亚。也许这样一个行动需要与在沿亚得里亚南海岸的阿布连平原的登陆行动配合起来，目的在于占领福贾周围的机场。重型轰炸机从这里的机场起飞，能够到达罗马尼亚的油田和德国南部的打击目标。

空军出身的凯塞林确信，英美不会在他们没有空中优势支援的地方尝试登陆。因为他们可用的运输机并不能提供这样的保证，所以任何着陆地点都必须在位于西西里或北非空军基地的战斗机活动范围之内。那样，对凯塞林而言，就可立即排除在巴尔干的任何直接入侵行动。

使计划过程变得复杂化的还有另一个难题：既然墨索里尼已被废黜，维克托·埃马努埃尔三世国王在统辖着所有意大利军队，那意大利还能做什么呢？至少在

为了意大利半岛的残酷战斗

随着西西里的沦陷和意大利企图脱离战争,希特勒命令他的部队接手意大利的防务。1943年9月,英美军队在萨莱诺登陆,以及英军在莱其奥迪卡拉布里亚和塔兰多登陆后,德军利用这个国家崎岖的山地、两岸陡峭的河流,以及狭窄弯曲的道路,建立起一个又一个战术据点,使得他们的敌人为每前进一步都付出血的代价。德军设立了两个主要的防守阵地:古斯塔夫防线,这使得盟军无法在1943年冬季之前取得突破,让他们在4个月内停滞不前,而无法到达罗马;还有位于佛罗伦萨北面的哥特防线,一年以后德军再次在这里使他们疲惫的敌人陷入困境,盟军不得不在这里安营度过另一个冬天。

纸面上，意大利还有一支庞大的军队——大约170万人。虽然这些只具有数字意义的军队装备差、士气低落，但如果意大利投降了，将极大地加重德国的负担。最起码，这些意大利士兵必须解除武装，并受到某种方式的限制。最糟糕的情况是，他们可能进行拖延时间的抵抗。无论发生何种情况，他们的防守阵地都必须由从其他岗位上调过来的德军接管。

在意大利人可能叛变和口是心非的问题上，希特勒是毫不怀疑的。甚至当墨索里尼还在台上的时候，希特勒就从未信任过那个国王和他的朝廷、梵蒂冈，以及这位领袖的许多高级军事将领。1943年7月29日，德国情报机构侦听了罗斯福和丘吉尔的越洋谈话，其中流露出他们期待着来自意大利政府外交上的主动表示。当8月14日意大利人宣布罗马为开放城市时，德国最高统帅部对意大利人的怀疑加大了，这显然是停战的序曲。这使希特勒足以相信维克托·埃马努埃尔和那个新总理彼得罗·巴道格里奥正在与英美做交易。他对他安排在罗马的那些高级官员越来越愤怒，其中包括凯塞林，他愿意相信国王和巴道格里奥所做的"意大利不会背叛德国"的保证。对于那些德国高级将领来说（凯塞林将这些人视为完全听命于希特勒的人），凯塞林及其相信意大利的追随者，他认为这些信徒只是天真的意大利人。"凯塞林那些人，"希特勒抱怨说，"对于那里的那些天生的叛徒过于信任。"他于8月23日凌晨3点将凯

德国第 10 集团军司令亨里克·冯·菲廷霍夫将军看上去完全是一个和蔼友善的领导。此时，他在那不勒斯附近的一个前线观察哨少见地冲着一名士兵绽开笑脸。菲廷霍夫虽然是在军事上得以功成名就的，但却有着与军队保持距离的名声。

塞林召至大本营，当时高瑞也在场。他告诉凯塞林他已收到意大利背叛的确凿证据。"他恳请我，"凯塞林在回忆录中写道，"不要再做被意大利人愚弄的人，要我准备应付更严重的事态。"

为了对付这些可能的事态，希特勒从法国调来了第二伞兵师给凯塞林。这些追加的部队是早先代码为"阿拉里克"、现在叫"阿克士"（轴心）计划的一部分，用来对付意大利人的投降。如果意大利人投降，这份计划将会广播，所有在意大利的德军将使用一切必要的军事力量，来解除他们前盟军的武装。

在最高统帅部，就有关如何防备盟军的登陆，很少有一致的意见，尤其是在德国情报机构对盟军在哪里登陆和主要突破点有多强的实力尚无确定情报的情况下更是如此。关于战略问题的争论主要在两位有着不同防御哲学和个性的陆军元帅之间进行。隆美尔在位于意大利北部加尔达湖的总部争辩说，试图防守意大利南部、甚至中部、包括罗马的计划，是没有战略意义的，特别是如果将在那儿投入更多的师。毕竟，意大利是一个次要的战场，他担心，盟军强大的两栖行动能力，再加上意大利军队可能的叛变，将会使德军处于被毁灭的危险，而如果在其他地方使用他们，则会更有效果。为了谨慎，他认为一旦英美攻击开始，在意大利南部和中部的德军应该向北撤退至非常坚固的防线（后来以哥特防线知名），这条防线从靠近利古里亚海岸的比萨北部，跨过亚平宁山脉，直达亚得里亚海的里米尼以南。

凯塞林极力持相反的意见。他认为，防守意大利南部就意味着除掉敌人在阿普利亚平原的桥头堡，而从那里敌人可能对生命攸关的巴尔干发动进攻。守住意大利中部消除了他们因解放罗马而获得的心理上的胜利。凯塞林是个骨子里的乐观派，他坚持认为，如果有 8 个师归他指挥（包括从西西里抢救出来的 4 万人），他就能成功地拖住在南部登陆的盟军。这还不算，如果希特勒能从北面的隆美尔麾下分两个师立即交由他来指挥，他将做得更好——将盟军入侵者赶进大海。

凯塞林的建议被希特勒拒绝后，他提出了辞呈。

毕竟，在隆美尔的方案中，他不久就将无军队可指挥。希特勒拒绝接受他的辞职。在罗马，轴心国的同伴仍在参与口是心非的游戏，希特勒将凯塞林视作其中最好的表演者。相反，希特勒根据最高统帅部的建议，匆忙组建了新的第 10 集团军，其兵源来自早先在西西里战斗的部队。他将指挥权交给了亨里克·冯·菲廷霍夫将军，这是一位有着相当战地经验的老普鲁士步兵军官，曾在东线指挥过一个团，在法国统领过一个军。希特勒私下给菲廷霍夫命令：将他的 3 个机械化师和意大利南部的支援部队撤至那不勒斯－萨莱诺地区，用第 1 伞兵师的一部防守福贾机场，用有限的拖延行动来抵抗对卡拉布里亚脚趾可能进行的入侵。菲廷霍夫的第 10 集团军暂时归凯塞林指挥。

希特勒还下达了另外两项防止入侵的命令：要找到并解救墨索里尼；尽所有努力把科西嘉和撒丁岛的德军撤回大陆，以帮助加强意大利北部的防御。

至于凯塞林所关心的事，无论对错，希特勒的意思似乎是说：如果你能用你现有的部队守卫罗马，那好；如果不行，那我情愿失去这些部队，也包括你。"这依然让我苦恼，"凯塞林在战后写道，"为什么希特勒宁愿选择毁掉 8 个一流的德国师（从南部），而不是再给我一个或两个师（从北面）呢？隆美尔的思路显然在希特勒的头脑中扎下了牢固的根，以致他对一个明显不言而喻的战术需求竟然充耳不闻。"

英美和意大利人也在制定计划，或单独的或联合的。艾森豪威尔根据所辖的军队以及两栖船只和飞机的数目，制定了针对意大利大陆的相对谨慎的行动计划。蒙哥马利的第8集团军将横跨墨西拿海峡，大约一周之后，与第8军另一支部队在意大利之靴的脚后跟——塔兰托同时登陆，马克·克拉克中将的第15师将攻入那不勒斯以南的萨莱诺。蒙哥马利将夺取福贾，并与在萨莱诺的克拉克会合。

凯塞林的判断是正确的：艾森豪威尔之所以选择萨莱诺作为登陆地点的原因之一，就是它距西西里空军基地以北的距离，在战斗机的活动范围之内，而且在被迫返回基地加油之前，这些飞机仍有时间飞临滩头阵地。

与此同时，意大利人在9月3日签署了一项秘密停战协议。直到9月8日傍晚6:30，艾森豪威尔和巴道格里奥才同时宣布这一协议。其实，直到最后一分钟，艾森豪威尔也不能肯定，意大利人会遵守这一协议。

到了9月7日下午两点，仅仅在一个星期以前才得到在萨莱诺地区构筑防御工事命令的第16坦克团第16侦察支队的罗考勒少校，接到了一个从团作战军官那里打来的电话："注意'风暴'，准备好对付前期企图登陆的敌人！"

4天之前，英国第8集团军已经侵入卡拉布里亚，德国人等待着在更北部有另一次规模更大的登陆。由于罗考勒在此之前接到过好多类似的警告电话，他和手下并没有为此而中断他们午后打盹儿。但是两个半小时后，另一个急促的电话打过来："注意'飓风'。敌人一个大规模的护航船队已经出现，一个重点登陆行动迫在眉睫！"

罗考勒和他的人急忙钻进装甲车，迅速赶往一个位于萨莱诺东南海附近高山脊上的观察所。从那里他们向西北能够看到萨莱诺、威也特里索马力以及南面的整个海岸和菲亚诺平原。附近的一支重机枪部队已经进入阵地，他们俯视着整个萨莱诺海湾，等待迎接盟军的登陆。

对凯塞林而言，这一天从一开始就很糟糕。早晨，

1943年9月3日，朱塞佩·卡斯泰拉诺（着便装者），作为意大利最高指挥官的代表，在西西里的盟军总部签署了投降文件后，与盟军司令德怀特·D.艾森豪威尔将军握手。艾森豪威尔的参谋长沃特·B.史密斯将军在一旁观看。

一大队130B－17轰炸机在位于罗马东南的弗拉斯卡蒂投下了几乎400吨炸弹。凯塞林在那里的总部被击中，但是他却从废墟中完好无损地爬出来。他们从一架坠毁的轰炸机中发现了一张地图，上面准确标出了他和陆军元帅、德国空军在意大利的司令官沃尔佛莱姆·冯·里克同芬的总部。凯塞林后来写道，这意味着"在意大利方面，有一些盟军出色的走狗"。

几小时后，凯塞林并没有看出意大利军官那边有新的可疑举动。德国驻意大使在中午会见了意大利国王维克托·埃马努埃尔三世，这当中也没有发现意大利政策方面改变的迹象。那天晚上早些时候，当凯塞林的总参谋长和使馆武官正在与意大利军队首领马里奥·罗塔在他的总部商谈他们部队在对付盟军登陆方面的协调问题时，两名德国军官收到了从他们大使馆打来的重要电话：华盛顿刚刚宣布了一项与意大利的停战协议！罗塔平静地向他们保证，这个报告不过是个在轴心国同伙之间制造不和的诡计，于是三位将军又恢复了他们对合作的思考和审议。稍后不久，在晚上7：45，巴道格里奥通过罗马电台证实，意大利已经签署了停战协议。而艾森豪威尔则在傍晚6：30发布了这条消息。

"阿克士"！电波迅速将消息传给地中海的每一个德军指挥官。"收获"！开始立即解除所有意大利军队的武装！虽然德国最高统帅部已经有好几个星期都在等待着迎接入侵和停火，但现实的时间选择仍然令他们大吃一惊。在他们拟定的所有计划当中，都从未考虑过这两个事件也许会同时发生的可能性。

巴道格里奥宣布停战后的头一个小时里，罗马陷入一片混乱。在德国大使馆，由于害怕被意大利军队抓起来，大使和他的随员们像所有德国公民一样尽可能聚拢在一起，然后赶上最后一班向北去的外交专列。他们的离开是如此仓促，以致他们竟然忘了焚烧外交文件或将其交给德国军队。意大利皇室家族和巴道格里奥也怕被德军抓捕，于凌晨5点乘一辆汽车逃跑了，并于次日早晨抵达皮斯卡拉的亚得里亚港口。

与此同时，德国军队开始向罗马推进。第1伞兵师的一个营不期而至出现在蒙特罗通多的意大利军队总部，但是依然到得太晚了，没有抓到罗塔，他已机敏地飞往皮斯卡拉。第2伞兵师和第3坦克掷弹师调往罗马地区，与那里的5个意大利师形成对峙。不过，在两个前盟友之间只发生了短暂的小冲突。凯塞林熟练地运用了大棒加胡萝卜的策略，使局势导入在他的控制之下。他威胁说，如果意大利军队继续抵抗德军的接管，德国空军将轰炸罗马，罗马所有的输水管道将被炸毁。他还指出，英美军队离这里很远，根本无法拯救他们。另一方面，如果他们停止抵抗，缴出武器，就可以回家，对他们而言，战争就结束了。在关于这个问题一次较早的讨论中，希特勒坚持绝不允许意大利人保留武器。否则，他轻蔑地说："他们将卖掉这些武器！"高瑞插话道：

"为了换英镑，他们会把裤子上掉下来的扣子都卖掉。"

由于已经厌倦战争，加上士气低落，而他们的领导者又都在逃亡的旅途中，意大利人对凯塞林的最后通牒最终屈服了。他们缴出自己的武器，回了家。而数千名在阵地上尽职的意大利军人，一听到停火的第一个字，就已经脱掉了他们的军装，消失在村野之中。到了9月10日的晚上，凯塞林成为罗马城的主人。

在巴尔干，在克里特岛，在罗得岛，60多万意大利士兵在几乎未做抵抗的情况下被解除了武装。德军最高统帅部的命令说，意大利人如果愿意加入到德国军队参加战斗，将受到欢迎；所有其他的人将成为战俘，并被作为强制劳力送往德国。凯塞林对这个命令视而不见；他有充足的理由担心，无法对付这数十万名囚徒。在意大利北部和法国占领区，数十万意大利军队简单地消失了。隆美尔的人只能归拢大约4万人转移到德国，希特勒对此十分失望，他原本希望得到大批意大利人，并用法西斯精神将他们鼓动起来，从而成为与德军一同战斗的志愿者。

意大利陆军和空军的剩余力量选择了退出战争。意大利海军则从斯佩齐亚和塔兰托迅速起航，但是，德国轰炸机攻击了舰队，击沉了意大利旗舰罗马号，并毁坏了另一艘。不过，4艘战列舰、7艘巡洋舰和8艘驱逐舰安全地驶入了盟军的港口。

9月9日凌晨3:30不到，盟军部队开始登上萨莱

在意大利南部的一个飞机场，几个德国空军的地勤人员正将一枚 250 公斤重的炸弹装进一架等候着的斯图卡飞机，准备攻击 9 月在萨莱诺登陆的盟军。在这次两栖入侵的最初 3 天，德国飞机一共出动了 500 多架次。

诺海滩。这里的海岸弯曲，从位于索伦托半岛基底的麦尤里，到向南 30 英里的阿格罗珀里城，宛如一把短弯刀。从海岸伸向内陆，是一片肥沃的平原，平原上灌渠纵横，还被两条大河——塞里河及其支流凯落里河，以及众多溪流所分割。纵深仅 16 英里，平原就被险峻的山峰所环抱，当凯塞林在此考察防御阵地的时候，高呼这是上帝赐予德国炮兵的"礼品"。

菲廷霍夫把萨莱诺海湾的防御交给了第 16 坦克师。

它原是在斯大林格勒的德军第 6 集团军的一部分，在那里，16 师损失了 70% 的兵员。该师在法国重建，现在有 1.7 万名士兵和 100 多辆坦克，但是它少了一个新型的、VI 型虎式重型坦克营，其驾驶操作人员仍在德国受训。

沿海的防御是在仓促中凑成的。工程技术人员在海滩附近建起了 8 个钢筋水泥的防御据点，由步兵小队防守，得到重机枪、迫击炮和火炮的支援。德军沿海防御的另一个部分是由地雷、铁丝网和德军在"轴心行动"中从意大利人那里占有的 6 个炮兵连组成。

第 16 坦克师的军官们清楚，30 多英里的海岸线，以一个师的兵力防守多长时间都是不够用的。第 79 坦克掷弹团第 1 营的指挥官赫伯特·迪彭贝克，禁不住想到在陆军学院他的教官曾强调，一个营决不应该据守一条超过 1000 米的防线；而现在，他得到的命令却是要他防守 9 英里长的开阔的海岸线。

盟军滩头阵地的北侧守备是由美军别动队的 3 个营和英军突击队的两个营负责的。当美军别动队在萨莱诺港口以西 6 英里麦尤里的狭窄海岸登陆后，他们迅速向内陆移动，几乎没有遇到什么抵抗就占领了具有战略意义的高达 4000 英尺的丘兹通道，从这里可以俯瞰那不勒斯平原。英国突击队攻占了位于麦尤里以西 4 英里的渔村威也特里索马力，尽管遇到了顽强的抵抗；但还是拿下了这个控制通往那不勒斯道路的处在拉莫里纳通

盟军在萨莱诺的冲击

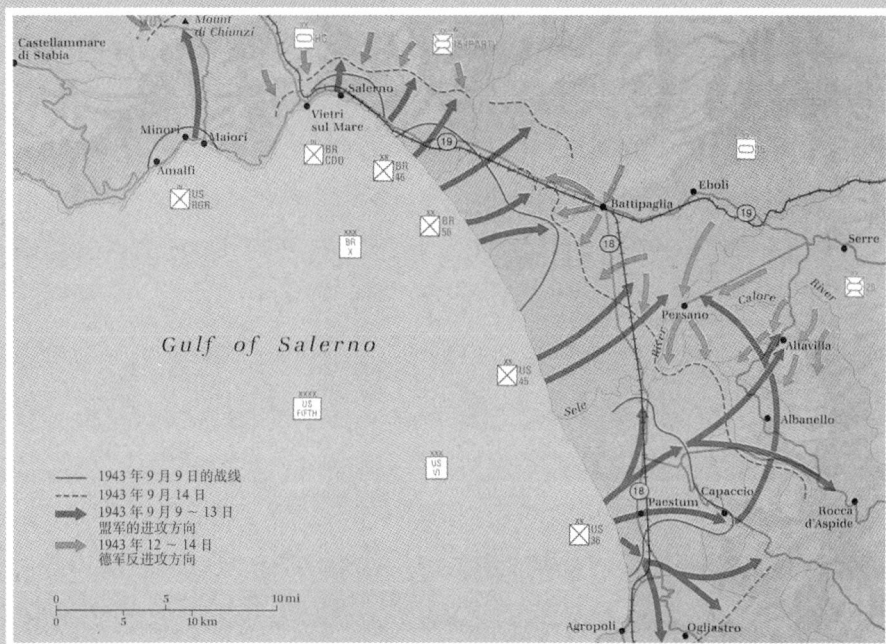

Mount di Chiunzi
Castellammare di Stabia
Salerno
Minori
Maiori
Vietri sul Mare
Amalfi
Battipaglia
Eboli
Serre
Gulf of Salerno
Persano
Calore
River
Altavilla
Sele
Albanello
Paestum
Capaccio
Rocca d'Aspide
Agropoli
Ogliastro

—— 1943 年 9 月 9 日的战线
---- 1943 年 9 月 14 日
→ 1943 年 9 月 9～13 日盟军的进攻方向
→ 1943 年 12～14 日德军反进攻方向

0   5   10mi
0   5   10km

9月9日，只有第16坦克师一个师兵力的德军，迎战在萨莱诺海湾登陆的英军和美军。但是德国援军迅速赶到，在一开始阻止住盟军的势头之后，第16和赫尔曼·高瑞坦克师，以及第15和第29坦克掷弹师的部队猛攻盟军脆弱的战线。德军对盟军的中部进行了重点攻击，并打入英军第10军和美军第6军的结合部。但是经过两天的激战，在遭受轰炸机和集中的海军炮火猛轰之后，德军被迫撤退。

1943年9月中，在萨莱诺以北的威尔特里山，一个德军战斗组正使用步枪、机枪、轻型高射机枪和冲锋枪向试图冲出滩头阵地的盟军倾泻弹雨。这些由德国宣传机构拍摄的照片，这里是第一次出版，它们显示了残酷的战斗中那些狂热的场面。

道南端的要地。然后英美别动队和突击队在此构筑工事，等待突击部队主力，并准备对付德国人的反攻。

在南侧阵地，德国第16坦克师在阵地北方猛烈地迎击了英国第10军团的46、56师，在南方又迎击了美国第6军团的第36师，试图打乱盟军的登陆计划。由于有小股伞兵用光焰显示登陆地带，德军机枪和迫击炮的扫射使盟军士兵一上海滩就受到沉重打击。坦克机枪和88毫米的防空加农炮对登陆艇进行近距离平射，而山区基地的重型火炮则猛轰入侵船只。这是一支停泊在萨莱诺湾外侧的拥有500多艘船的庞大舰队，德国空军的战斗机在海滩上空反复俯冲扫射。

然而，正像杜潘贝克少校所担忧的，德军的防线太薄弱，无法阻止盟军形成滩头阵地。整个一天，盟军的部队和装备持续不断地运上海滩。第16坦克师发动了一些小规模的反攻，有时是由坦克步兵小队实施，有时是由5至7辆坦克单独进行。在这些尝试中，该师被盟军的火炮、坦克炮、火箭发射器以及海军和空军的轰炸摧毁了大约2/3装甲车辆，只有35辆坦克处于能够作战的状态。

如果更高层的指挥官能对这些登陆反应更快的话，而且如果他们之间的联络效率更高的话，对第16坦克师的援助也许会及时到达。德国人使用的意大利市政电话网不再可靠和安全，而无线电传送受制于大气层的干扰，第14坦克师执行指挥官赫尔曼·贝尔克中将负责

与萨莱诺附近的美军战斗的德军炮兵正吃力地将一枚火箭弹送入5管的发射器。这种致命的武器被称为"5膛火箭发射器"，或叫烟雾喷射器。

防守萨莱诺西北75英里的盖伊塔区域，他竟与凯塞林和菲廷霍夫均没有电话联络，而只能通过不稳定的无线电进行联系。

凯塞林由于仍然忙于意大利混乱的局面，而无法给菲廷霍夫下达新的指示。当菲廷霍夫自己决定坚守滩头阵地而不撤回罗马的时候，在给贝尔克下达命令——派遣所有部队立即支援第16坦克师的整个过程中竟然耗费了好几个小时。新近受命的贝尔克对这一地区并不熟悉，而且怕会有其他的军队登陆，所以迟迟没有细化他的防御。他只派遣了赫尔曼·高瑞坦克师的一个侦察营到受美军突击队进攻的地带，而且他们太迟了，以致对盟军的突击毫无影响。

　　鲁道夫·西肯纽斯少将指挥的第16坦克师打得很好。第一天结束的时候，这支部队牵制了盟军的滩头阵地。盟军没有在任何地方突破纵深在6英里以上——这只是克拉克将军目标领土的一半，所有制高山头都掌握在德军手中。

　　滩头阵地不断易手，问题的关键是哪一方的增援部队能更快地赶到战场。开始，克拉克大约有7万兵力，其中包括等待登上海滩的预备部队。菲廷霍夫在前线只有1.7万人来对抗盟军。但是，德军的增援部队将从陆地来，距离也较近；克拉克则只能用船把远在西西里和北非的部队运到滩头阵地，或者等待蒙哥马利。

　　9月9日晚，在那不勒斯的赫尔曼·高瑞的坦克师和在盖伊塔附近的第15坦克掷弹师，作为与英军作战的第14坦克军的一部分，向滩头进发。这两个师均在西西里受到打击，并不是实力最强的时候。他们共有大约2.7万人，各只有37辆坦克和自行突击炮。第29坦克掷弹师和第26坦克师受命从北面的卡拉布里亚加入到处在第76军区域对抗美军的第16坦克师。

　　德国人的集结实在称不上一个教科书般的行动。第29师的一部分在接到开拔的命令之后，仍在卡拉布里亚待了3天。他们的汽油用完了，第26师不得不边打边通过卡拉布里亚，在那里，他们一直阻击着英第8集团军。他们的延迟不但由于路况的糟糕，而且还需要让道路变得更坏，使蒙哥马利作难。他们最后一支落伍的部队到达海滩的时候，已经是9月12日夜晚了。

与此同时，德国空军开始加快了对入侵舰队的攻击。贝尔克将军曾发出紧急呼吁，他说如果德国的反击想要有任何成功的机会，就必须制止盟军海军杀伤力极强的火炮。作为对这一呼吁的回应，德国战斗机、战斗轰炸机以及重型轰炸机在最初的3天出动了550架次。他们击中目标85次，击沉4艘运输舰、一艘重型巡洋舰和7艘登陆艇。他们还发射了新式武器——无线电控制的滑翔式炸弹和火箭弹（这些武器在西西里就已可使用，之所以没有用，是因为希特勒想让它们成为秘密武器）。这些拥有600磅炸药、由具有特殊装备的高空飞机投放的武器，其射程从3.5到8英里不等，飞行速度达到每小时570到660英里。它们打击目标迅速，又有很强的杀伤力。两艘英国军舰和一艘美国巡洋舰被打坏，还有其他的舰只被损，迫使盟军海军司令要求从马耳他增加支援。

9月12日，即战斗的第4天晚上，德军显然控制了滩头阵地。在北部区域，他们的炮火仍然使盟军无法接近萨莱诺港和蒙特考尔文诺机场这两个盟军早期的目标。在中部，他们仍然据守着巴蒂帕格里亚高地和南边的爱特维拉高地，因而控制着在西里和卡罗尔两条河之间形成的V字形走廊的低涝平原，这条走廊是大致区分英军第10军和美军第6军的分界线。甚至自登陆以来，在两个区域之间仍有不设防的空白地；虽然现在这薄弱在萨莱诺附近，当德军炮弹在身旁爆炸时，一名英军信号兵趴在地上。萨莱诺的海滩是在岩石陡峭的海岸线中一片平坦的沙地，对德军来说这是盟军一处明显的登陆地点，因而做了准备，并进行了激烈的抵抗。

1943 年 9 月，一门德军 75 毫米的火炮架在一辆坦克的底架上，向萨莱诺滩头上方的一个英军阵地轰击。这样的自行火炮为步兵团队提供了可怕的近距离炮火支援。

的地方缩小了，但仍然没有完全闭合。德军一个猛烈的攻势就可能冲开所有通往海滩的道路，将盟军的防守劈为两半，进而迫使盟军从滩头阵地撤走。

到了 9 月 13 日早晨，菲廷霍夫面对着这个尚存的空隙，他不能相信这是一个战术失误造成的结果；相反，他错误地认为敌人已自愿地分为两个部分，准备从滩头阵地撤退。于是，他命令立即发起进攻，以防止敌人逃到船上去。从巴蒂帕格里亚、爱波里和爱特维拉高地上，第 29 坦克掷弹师和第 16 坦克师的大约 30 辆坦克以及步兵冲下走廊。他们压过了由美军第 45 师的一个营据守的薄弱防线，并将其基本消灭。这个营损失了 500 多名官兵，其中大多数成了俘虏。到了下午 5:30，菲廷霍夫确信在走廊和滩头阵地已取得胜利，他给凯塞林发去一份欣喜若狂的电报："敌人的抵抗已土崩瓦解。"6:30，15 辆德军坦克和支援步兵已经到达西里和卡罗尔两条河的汇合部。在这些坦克和海湾之间有两英里之遥，却只有一小股美军步兵和两个 45 师的火炮营。

威胁十分严重，克拉克赶忙制定计划，将他的滩头指挥所转移到英军的区域，因为这里离炮火射程之外只有几百码。但是第 45 师的炮兵，在由秘书、伙夫、司机、机械师和其他非战斗人员临时组成的步兵线的护卫下，向德军隐蔽的田地和树林发射了 4000 轮次的炮弹，到夜晚德军被迫撤离。

然而，菲廷霍夫仍然相信英美的滩头阵地已不复存在。"萨莱诺的战斗显然已经完结。"第 10 集团军一位乐观的写日记者这样写道。

那天不是很晚的时候，克拉克将军对蒙哥马利的第 8 军团不能及时赶来援助已经开始绝望，因为他们离这里仍有 100 多英里。但此时，他们的呼救有了回应，从别的地方伸来了援助之手。大约 90 架来自西西里的飞机低空掠过滩头阵地，空投下 1300 名伞兵，他们来自第 82 空降师，来填补美军战线的空白，并鼓舞了盟军的士气。第二天晚上，另外 600 名伞兵在埃维里诺附近的德军战线后面降落，他们试图切断德军的联络。但是，这次行动悲惨地失败了。当伞兵被投撒在广阔的地域时，是很难在战斗中发挥作用的，他们中的 200 人成了俘虏。

罗克尔上尉和他的侦察连上了年纪的队员超额完成了抓获伞兵的任务。当罗克尔在潘塔附近一个只有一条街的村子里指挥战斗的时候，他看到了一幅"令人惊异的场景：五六十名伞兵仍然处在大约 150 米的高空，很快就陷入了恐怖的时刻"。他在自己的日记中写道，他向整个连队发出号令："'举起你们的枪！准备射击！'像猫一样，枪手们迅速进入自己的发射位置，很快 14 毫米步枪和一些 20 毫米的机枪一起对着下降的敌人开火。直到射击的角度变得太小，可能伤及自己人的时候才停止。'停火！'"

然后，罗克尔和他的部下横穿潘塔，一个屋子挨着一个屋子地搜捕伞兵。罗克尔写道："在最后一间屋子里，我走到门口，发现门锁着。我们的两个人猛推这门，门被撞开了，同时，3 支自动步枪从屋里向外扫射，好在我们的人没有受伤。他们在那儿！一、二、三枚手雷，是我们迅速的回击。经过几分钟自动武器猛烈的射击，我们强行冲入房屋里。屋里漆黑一片！我冒险把自己的火把点燃，四下一照，并大喊一声'举起手来！'只见过道上有 8～10 名伞兵，显然都受伤了。他们在火光中眼睛看不太清楚，于是犹豫着举起了自己的手臂。"

在接下来的两天，罗克尔的 4 人徒步巡逻队（他们的靴子绑上了破布，以减少走路时发出的声音。"我们没有像美国人那样的胶底皮鞋。"罗克尔说。）又找出了另外 6 名伞兵。这些是罗克尔上尉日记的最后内容，这本日记是在他阵亡的那次战斗中，在他的尸体上发现的。

从 9 月 14—16 日，菲廷霍夫连续打击敌人滩头阵地的环形防线。但是现在盟军拿出他们超级空军和海军的所有力量来支持被围困的地面部队，数百架 B-25s、B-26s 和 B-17s 战略轰炸机转而用于战术目的，重创了埃伯里、巴蒂帕格里亚和其他德军的要害阵地。甚至比来自空中轰炸更致命的是海军火炮多发精准的打击，其在粉碎德军反击中起到了关键作用。而德军的反击不得不在盟军战列舰、巡洋舰和驱逐舰的炮火覆盖范围内进行。在萨莱诺战役期间，盟军海军向德军目标倾泻了 1.1 万多吨炸弹。"这些船只以令人吃惊的准确度和策略上的机动性，极为有效地打击每一个确认的目标。"菲廷霍夫惊呼道。

到了 9 月 16 日，菲廷霍夫意识到他已不能再将盟军赶走。经过凯塞林的勉强同意，两天后他开始撤出自己的军队，让人感到满意的是，第 10 集团军完成了自己的使命。他们遭受了 3500 人的伤亡，但却使盟军付出了 9000 人的代价。他们确实打乱了敌人占领那不勒斯的时间表。"成功属于我们，"菲廷霍夫向他的部队宣称，"德军士兵再次证明了他们优于敌人。"希特勒对此也表示认同，他把菲廷霍夫提升进上将的行列。

当德军开始向北撤往新的防御阵地的时候，许多士兵看到了一幅最后的场景。一位士兵写道："薄雾中右方矗立着萨莱诺塔；在中间，是蒙特考尔文诺简易机场闪着微光的灰色跑道；巴蒂帕格里亚附近的沥青高速路和铁路；还有平原上的埃伯里高地和远处的大海。温暖的海风从海岸吹拂而来，全然无视橡树荫下那一座座新添的坟茔。"

早在 9 月 10 日，即萨莱诺登陆的第二天，凯塞林就已经拟定出在滩头阵地北部的防御计划，以尽可能长地拒敌人于弗吉亚、那不勒斯，尤其是罗马之外。他命令菲廷霍夫向北实施分批撤退。第 10 集团军将进行一系列阻击战役，并尽可能经济地使用人力和物力，使敌人遭受最大的伤亡，地面上要缓慢地退让，而且只有在面对压倒优势的对手时才如此。这样做的目的是尽可能地争取时间，以使德国工兵和意大利有关人员能完成一系列强化的防御线，这些防线从头至尾横跨意大利，直到亚得里亚海。在那不勒斯以北大约 18 英里的维克多，是这些防线的第一条，它是沿着沃特诺河匆匆建起来的。接下来的是巴尔巴拉，它从海滩附近的马西口山，一直延伸到麦特西安山脉。再向北 10 英里就是伯恩哈特防线，它的头锁定在盖里各里亚诺河口，然后伸向萨缪克罗山的笨重岩体。离开伯恩哈特大约 12 英里隐约可见最为强固的古斯塔夫防线，它是以莱皮多河和蒙惕卡西诺天然堡垒为依托的。如果第 10 集团军能够像其撤退那样，赢得更多的时间，凯塞林相信，古斯塔夫防线几可视为坚不可摧，敌人将会被拒罗马之外许多个月。

凯塞林拥有两个非常有利的天然优势——地形和气候。在北部的郗山谷以下，是意大利最为狭长的亚平宁山脉。这参差不齐的山脊绵延而下，直到这个国家的中部，形成了分割东西的屏障，其高度从 2500 到 6000 英尺不等。一系列的山脊和河谷像鱼骨一样呈扇状通向海岸线的狭长带——西边只有 25 英里宽，东边仅有 10 英里宽。即使在旱季，在意大利南部的公路网也只适宜于拥有自行火炮和供给列车的现代化师的运输。在秋天和冬天，雨雪使泥路变成了泥潭，让河水变成发狂的急流。坦克除了作为固定的火炮外，基本上一无所用，而空中行动则受到严重的妨碍。

于是，战役基本上要靠步兵来打。被陡峭的山峰分割开来的位于亚得里亚海的英国第 8 集团军和在西边的第 5 集团军，将不得不一座山梁一座山梁地啃，一条河一条河地蹚，一英里一英里地在泥路上跋涉。在这样的条件下，战术优势属于能够随机应变的防守者，尤其是他们有时间构筑战术据点。只有防守者不但知道战斗应该在哪里进行，而且知道其进程。凯塞林的主要担忧是，盟军针对他防线周围的两栖目标进行打击的潜力。

凯塞林给了菲廷霍夫一个既棘手又困难的任务。菲廷霍夫不得不停止在滩头阵地与盟军的近距离接触战，而保持足够的拖后作战能力，以确保他的撤退部队免受危害。与此同时，他又不得不将他的前沿向东延伸，以便联系和增援第 1 伞兵师，这支已减员至 8000 人的师是抵抗第 8 集团军的唯一部队。为了准备对付预料中对那不勒斯的重点进攻，菲廷霍夫安排了大量他的部队来针对第 5 师。据守着整个撤退线轴心部位的位于萨莱诺北部索伦托半岛的第 14 坦克军，主要是由赫尔曼·高瑞坦克师、第 1 伞兵师的两个独立营以及第 3 和第 15 坦克掷弹师组成。第 15 和第 16 坦克掷弹师被调往那不勒斯以北 20 英里、沿沃尔图诺河，这撤退计划中的第二条防线构筑防御阵地。凯塞林已经命令菲廷霍夫，不许敌人在 10 月 15 日之前跨过沃尔图诺河，在让出那不勒斯之前炸毁那不勒斯港。

9 月 17 日，第 10 集团军开始撤出滩头阵地。第 29 坦克掷弹师在强大的后卫护送下则向北和东北退去。两天后，第 26 坦克师撤出巴蒂帕格里亚地区。这两个师将在本月底与第 1 伞兵师会合，作为防守东侧的第 76 军之一部。

菲廷霍夫防守的效率对于 9 月 20 日开始进攻的第 5 集团军而言，显然是令人沮丧的。第 45 师的首选目

标是位于埃伯里东北 10 英里的奥里维托斯特拉，第 3
师的目标是夺取 12 英里以外的埃瑟诺。这山区只有在
有着无数弧度极大的弯道和狭窄桥梁的险峻道路上，才
是可行的。撤退着的德军已经炸毁了 25 座以上的从皮
斯特姆到奥里维托斯特拉之间（大约 20 英里距离）的
桥梁。而修复它们或用预制钢桥重建过道，都是费时和
危险的。经常有德国人用小型的、伪装很好的机关枪和
火炮瞄准着这些被毁桥梁和其他通道。为了能通过这些
路障，小规模的美军步兵几乎在没有炮火支援的情况下，
不得不爬上布满地雷的山坡，以驱赶德国的后卫部队。

在美军第 3 师辖区的前方，德国人将埃瑟诺北部
唯一一座横跨宽阔又深邃的峡谷桥梁炸毁；拖后部队的
步兵和机枪手又在峡谷的远方一侧构筑工事，以阻止盟
军的工兵搭建临时的桥梁。美国人要想夺取这座城市，
就必须先制服他们。这耗费了通过山区、跨过整个国家
的第 3 师先导团大半天的时间来做这件事。

偶尔，盟军通过望远镜可以看到一两个德军的后
卫部队。一位目击者说，他们显然是一些"憔悴、满脸
胡须的人，穿着褴褛不堪的灰色军服，他们挑衅性地溜
走，然后几英里之后，又回来重复同样的把戏。那些机
枪手们肩上挎着令人生畏的'斯坂道思'42 式机枪，
身上交叉缠着备用弹药，每个步兵的装备相同，一个木
制手榴弹便利地插在穿着泥迹斑斑的长筒靴的腿上"。

同时，在萨莱诺前线的西侧，英国第 10 军开始了

被雨水浸泡的德军牵引着负重的骡子，在沿着意大利南部泥泞的道路跋涉。从以往战争中幸存下来的部队，往往缺乏供给，而骡子则通过被争夺地域中占多数面积的崎岖山区，提供着实际的运输。

盟军对那不勒斯的重点奔袭。第 46 和第 56 师以及美军别动营发起了进攻，试图穿过索伦托山地的两个主要通道。一旦他们通过这些通道，进入那不勒斯平原，那么通往这座城市的道路将有利于英军第 7 装甲师的调遣和展开。然而，尽管有重型火炮的支援，进攻在头 3 天收效甚微。在这些通道的侧翼高地上固守的赫尔曼·高瑞坦克师，将敌人的每一次突击都打了回去。直到 10 月

163

1 日，即进攻开始后的第 10 天，来自皇家龙骑兵卫队的装甲巡逻队才进入了这座城市。而这时，德军正在向他们的第一个主要防守阵地——以沃尔图诺河为依托的维克多防线转移。

在那不勒斯的德军利用了他们通过无情的防守效

接近 9 月底，由于从萨莱诺而来的盟军的压迫，德军伞兵在一辆自行火炮的支持下从那不勒斯撤退。盟军于 10 月 1 日占领那不勒斯。

这是 1943 年 10 月,在那不勒斯港口,一艘被凿沉的舰只斜靠在布满废墟的码头。为了延缓盟军的攻势,德军有步骤地摧毁船只、库房和码头边的起重机,他们甚至毁坏这座城市的供水设施和面制品厂。

率而获得了 10 天时间。按照凯塞林的指示,他们没有触动历史建筑、博物馆、教堂、修道院和医院。但是,其他所有不能用船运到北方的东西都被销毁,或用于做陷阱和布雷,其中包括电厂、桥梁、铁轨、电台、下水道、输水管、储油罐,甚至酿酒厂和啤酒厂。而作为盟军的基本目标,港口已经失去了使用价值。

当第 5 集团军进入那不勒斯的时候,他们看到的是一个被毁坏了的鬼城。80 万人口中的一半都逃到了乡下,留在城里的人一个多星期几乎没有什么食物可吃。而另一个负担是盟军不得不承担的。虽然盟军的工程人员用了大约两周的时间,部分地恢复了港口的功能,但盟国军政府要想恢复城市的正常生活,至少需要 3 个月的时间。

　　甚至在夺取那不勒斯之前，艾森豪威尔就已经决定拿到金戒指——罗马。像通常一样，由 Ultra 提供的情报那时就指出，德军将只在罗马北部进行一次重点的固守。他没有预料到的是，希特勒改变了主意。10 月 1 日，希特勒又决定，罗马是值得为之而战的。受凯塞林在抑制敌人进攻方面成功的鼓舞，以及其性情上就不愿意未做任何抵抗就交出土地，希特勒命令，主要的防守不再在亚平宁北部进行，而是选在罗马南部的古斯塔夫一线。为了支援凯塞林的防守，截止到 10 月中旬，希特勒从隆美尔的北部防区调了三个新师给凯塞林。虽然希特勒仍然担心盟军在他的部队北部进行两栖登陆的可能性（他和最高统帅部仍然过高地估计了盟军在这方面的能力），但他感到，正在来临的冬天使这种进攻的可能性变小了。希特勒和凯塞林都认为，盟军在 9 月 27 日获取了在弗吉亚优越的空军基地系统，他们就会停止在意大利的推进，并为跨过亚得里亚海进入巴尔干做准备。

　　在西部，德国第 10 集团军还在继续他们缓慢而顽强的撤退。丢掉那不勒斯后的 7 天里，他们只撤退了仅仅 20 英里，到达沃尔图诺地区。然而，在东部，理查德·海德里克将军的第 1 伞兵师承受了巨大的压力，来挡住蒙哥马利第 8 集团军的打击。在猛烈的战斗之后，德国人被迫从弗吉亚地区撤向比费尔诺河北的高地。同时，在 10 月 2 日，英军第 78 师正准备在特莫里小型码头进行一次两栖突袭，这里位于比费尔诺河口西北约两

相互连接的林立防线

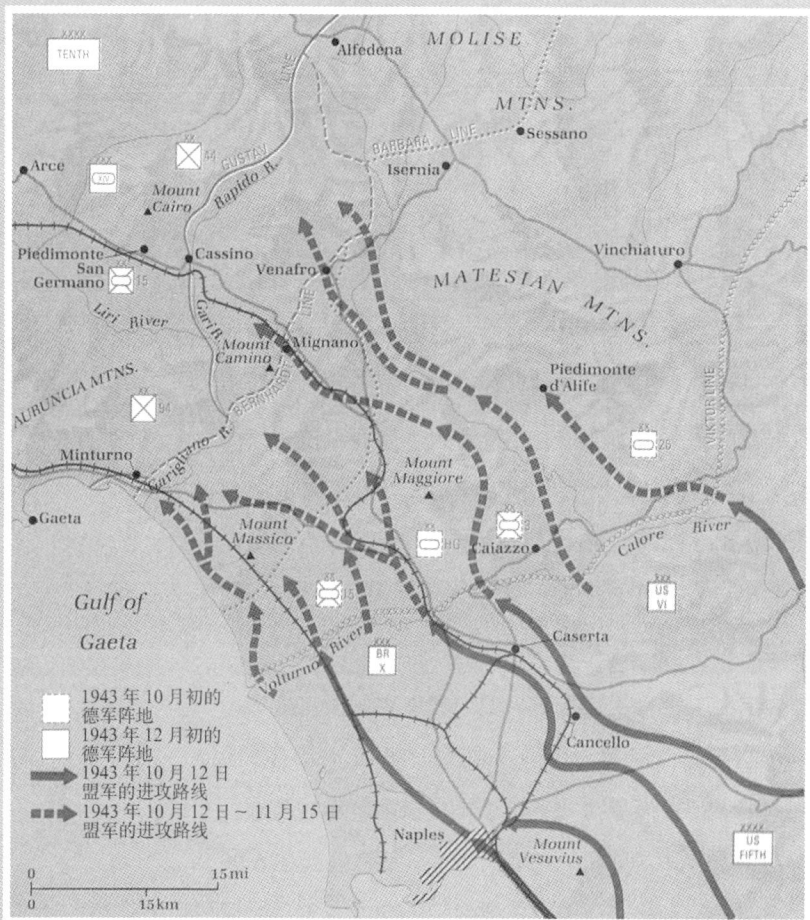

自从萨莱诺败退后，撤退中的德军将每一个地形上的屏障都变成即将到来的盟军的麻烦。缓慢向北移动的缺员的德军第10集团军沿维克多防线构筑工事，并在此猛击拼命跨越沃尔图诺河的盟军。然后，德军退至匆忙建立起来的巴尔巴拉防线，在蒙特麦西口驻守下来，在那儿，他们防守了两个星期，然后撤退到扼守米格纳诺隘口和通往罗马要道的伯恩哈特防线。直到12月初，德军才最终再次放弃了，退向在那里要过冬的、更为可怕的古斯塔夫防线。

英里。第二天早晨，当1000人的英国部队来到特莫里海滩时，海德里克将军由于害怕不逃跑就会陷入包围，就命令撤退。大约有130名德国伞兵被杀，有200人被俘。海德里克慌忙中徒步溜出了城外，"乖乖地跟在他的坐骑——一辆又长又矮、速度非常快的1939年的黑色豪克牌轿车后离去"，一位78师的高级军官事后写道。

当英国突击队登陆的报告传到凯塞林那里，他立即命令第16坦克师前往特莫里，以图保住滩头阵地。由于在萨莱诺遭受过巨大的磨难，该师在沃尔图诺的休整地曾进行过重组，但它只有资格做后备部队。菲廷霍夫对凯塞林下达的命令是否明智提出了质疑，他相信第16坦克师在时机到来时，在协助防守沃尔图诺上会起更大的作用。两位指挥官之间的争论，导致坦克和步兵部队的出发时间比预定时间晚了4个小时。经过95英里路的急行军，部队逐渐开始进入零星而不充分的战斗，尽管德国空军进行了越来越少的空中支援，但是他们仍然无法将英军从特莫里的滩头阵地赶出去。德国人于10月7日，被迫撤退到一条位于特里格诺河新的防线。

敌对的两军现在隔着两条河——西面是沃尔图诺河、东面是特里格诺河的宽阔战线，彼此面对着。为了防止第5集团军跨过沃尔图诺河，菲廷霍夫将第14坦克军的3.5万人部署在河北岸坚守。为了阻挡英军第8集团军，第76坦克军的2.5万人部署在亚得里亚防区。

沃尔图诺河有150～300英尺宽，在10～25英尺高的两岸间，蜿蜒流淌了100英里。一般来说，它的深度为1～6英尺，在一些地方，可以涉水而过。最近的下雨使河水上涨，流速加快，但在许多地方仅坐冲锋舟就可以过河。10～15尺高的堤岸为第16坦克师的机枪和迫击炮提供了绝佳的阵地。这是一个近乎完美的防线。可是，菲廷霍夫有一个大难题：他的前线部队伸展得如此单薄，他用于反攻的后备部队是如此少，以至于他根本无法守住这条防线太长时间。

幸运的是，雨水迫使第5集团军指挥官将进攻时间推迟了3天。直到10月13日深夜两点，美军第3师的部队才徒步或乘坐冲锋舟和临时制作的木筏过了河，开始在中心区域爬上北岸泥泞的斜坡。过河的地点和攻击的兵力让守军赫尔曼·高瑞坦克师的士兵大吃一惊，他们在受到重创之后，不得不交出阵地。到了第二天早晨，第3师在仅损失300人的情况下，开辟出一条不易受攻击的4英里纵深的桥头堡。从某种程度上说，菲廷霍夫无论对盟军的指挥能力，还是作战能力都没有太多印象，但这次他立刻承认"这是一次计划非常睿智执行十分有力的进攻"。

第3坦克掷弹师位于赫尔曼·高瑞坦克师的左翼，当美军第34师渡河的时候，他们刚刚抵达和进入防守阵地，于是在几乎未做抵抗的情况下，就在混乱中撤走了。然而，德国炮兵却阻止了美军修建桥梁的企图，而这对于向前输送坦克和火炮来说，是必需的。

在德军的右翼，第 15 坦克掷弹师粉碎了英国第 10 军的三个师在特里格诺河北岸建立立足点的最初尝试，他们的阻击一次次迫使英军退回南岸。在战斗的第一天，掷弹兵们打死打伤英军士兵 400 人，俘虏 200 多人。

根据凯塞林的时间表，到了 10 月 15 日，菲廷霍夫命令德军沿整个第 10 军的防线撤退。在亚得里亚防区，第 76 坦克师从第 8 集团军那里脱身，退到另一条河——桑格罗。在那里，第 65 步兵师已经建立起战地防御工事，使之成为古斯塔夫防线的东端。

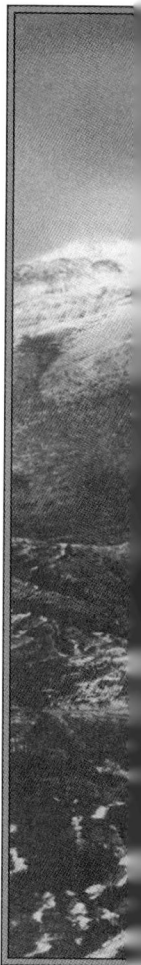

在亚平宁的高山上，德国士兵监督意大利战俘在伯恩哈特防线上的蒙特罗奇诺村修筑防御工事。这个地点控制着下面远方的莱皮多河峡谷。

在前景中的阿克冯代塔村上方，令人生畏的古斯塔夫防线沿着这些被积雪覆盖着的山峰蜿蜒着。

像被打得摇摇晃晃的斗士，追逐者与被追逐者在沃尔图诺河和巴尔巴拉防线之间高低不平的地形上又恢复了非常规的竞赛。随着德军进入防线之后，他们的抵抗甚至变得更加顽强。他们细化了他们的战术，使其更加具有致命性。被5英寸厚的装甲保护着的便携式碉堡

（内含机关枪）由牵引器从一个地方拖到另一个地方。用作火炮的坦克被埋到炮塔上，从而使目标变小。

枪手、指挥以及观察哨的位置都处于由炸掉坚硬岩石而形成的山洞里。有时候受挫的进攻者们实际上能够看到他们的折磨者从高处在观察他们。美第5集团军的一名中士遭遇了一段与他称之为"鲁道夫"的德军观察哨兵的经历。这名德军观察哨兵住在"山顶上一个坚不可摧的山洞里，从那里可以监控所有接近山谷的路。偶尔，能够很容易看到他（只要太阳一出来，他就会出来晒太阳），但从未打中他。4.2s迫击炮几乎每天做这种尝试，而当他们感到不耐烦的时候，他们就把他当作附近的、每天下午出来活动的坦克杀手来打；57s、105s，毫无疑问还有其他各种口径的武器，都向他发射。但是所有扫射过后，'鲁道夫'依然出来做他的阳光浴；直到他的位置被侧翼包抄之后，他才离开了"。

第10集团军的延缓战术还使得后方德军有了充分的时间来布设密集的地雷阵。在通往伯恩哈特防线的道路上，埋设了大约7.5万枚地雷。有两种地雷是为步兵所同样惧怕的：一种叫"弹跳的贝蒂"，它在爆炸之前在空中跳几英尺高，爆炸后能将弹片射向各个方向。而更凶恶的是叫小"斯库"的地雷，它的木制外壳无法被只对金属有反应的地雷探测器所发现。一旦触雷，它很少直接杀死一个士兵，但会炸掉一只脚或炸烂腹股沟。

当菲廷霍夫于11月1日从巴尔巴拉撤退时，他仍

一名准尉在对一个士兵阵亡的详细情况进行必需的记录，而站在一旁的两名士兵在看着自己的战友。这名步兵是在守卫沃尔图诺河的血战中被打死的。

然是在按照日程表行事。但是他并没有从凯塞林那里得到"干得好"的褒奖，却因未能坚守防线的时间更长些而受到训斥。由于受批评的刺激，菲廷霍夫请求6周的病假，并得到批准。他不在期间，第10军团由乔奇姆·莱梅尔森中将指挥。

伯恩哈特防线的设置是用来守卫米格纳诺隘口的，这是一条绵延弯曲6英里的走廊，通过它，6号高速路在途中能够通往利里峡谷（罗马）。控制这一隘口两侧的是陡峭的山峰——卡米诺、拉迪分萨、马吉奥里、萨缪克罗，它们的高度都在3000英尺以上。德军工程人员创造了一种把这些山峰和格里格良诺河与西面连

173

接起来的宽带防御阵地。菲廷霍夫曾命令指挥所应设在地下，而主要的防御设施则应构筑在山阴面坡上，以避免敌人炮火的直接危害。只有守卫山顶的前哨阵地设在阳面坡上。

要想通过米格纳诺隘口，第 5 集团军首先必须夺取一座座主峰，而那里的地势极为陡峭，甚至驮运东西的骡子都不能将食品和弹药运交给部队；当时在那儿，信鸽成了唯一的联系工具；在那里，羊群被驱赶着，首先通过雷区，以为步兵扫清道路。在寒冷而潮湿的 8 天里，仍然穿着还是在意大利发的轻便夏装的第 15 坦克掷弹师，打退了英军第 56 师的每一次进攻。在附近的美军第 3 师激战 10 天，试图夺取拉迪分萨山峰，结果遭受惨重损失。为了从险峻而多石的山坡上把伤员运下来，竟要花费 6 个小时。盟军最终不得不取消这次进攻。

时至 11 月 15 日，克拉克将军意识到，由于自萨莱诺以来，他的师团有 5 个一直在火线上，他疲惫的师团已无法再进一步向前，于是命令第 5 集团军的攻势停止两周，进行休息和重整。在休整期间，每天都是大雨倾盆。

在亚得里亚前线，英国第 8 集团军在桑格罗河前也陷入困境，5 个星期他们只前进了 30 英里。11 月 20 日他们恢复了攻势，新的目标是距北面海岸 150 英里的帕斯卡拉。盟军策划者们希望，对这一关键港口和陆地枢纽的攻占，能迫使凯塞林放弃古斯塔夫防线，并撤退

1943 年 12 月，在伯恩哈特防线上，一门四管防空炮上的德军士兵观察着被白雪覆盖的蒙特卡西诺的上空，准备迎击盟军战机的到来。仅仅在两天之内，盟军就出动了 886 架次轰炸机轰炸蒙特卡西诺。

到罗马北部以避免被包抄。面对第 8 军团的是德国的 3
个师：未受过考验的第 65 师；经验丰富但军力较弱的
第 16 坦克师，他们正等待被调往苏联前线；坚韧的第
1 伞兵师。在攻击开始的头两天，65 师就基本上被消灭
了。凯塞林赶忙予以支援，命第 26 师从伯恩哈特防线
火速驰援，同时第 90 坦克掷弹师从意大利北部南下。
经过两周多的惨烈战斗，蒙哥马利的地面进攻在一个
不可逾越的道路——位于被深雪覆盖的山区通道前停滞
了。尽管遭到惨重损失，德军仍然据守在帕斯卡拉以南
15 英里处，封锁着通往罗马的后门。

在西面，第 5 集团军恢复了他们打开前门的攻势。
12 月 1 日，美国人开始对守卫米格纳诺隘口的山峰发起
全力进攻，与之配合的炮火是如此密集，以致使第 14 坦
克师的现任指挥官福里多·冯·森格尔·安得·艾特林
将军"大吃一惊并非常沮丧，自第一次世界大战以来，
我从未见过如此的场面"。他手上保存的赫尔曼·高瑞
坦克师的少数几个预备营对打退盟军来说，没有任何帮
助。12 月 6 日，守卫卡米诺主峰、缺编的第 15 坦克掷
弹师的残余人员撤退了。同一天，在拉迪分萨－马吉
奥里山系，由德国人组织的抵抗也停止了。

第 5 集团军现在控制了米格纳诺隘口的入口。但
是在走廊的中部，有两座山——罗恩沟和萨缪克罗，仍
然封锁着通向利里山谷的道路。现在坚持亲自批准在意
大利的每一个重要军事决定的希特勒，撤回了早先发出

的从伯恩哈特防线总撤退的命令，又命令第 29 坦克掷弹师不惜一切代价守住位于萨缪克罗山矮坡上的桑皮埃特罗因樊村。在 10 天里，他们打退了美军第 36 师的 3 次进攻，最后他们于 12 月 16 日撤退。

在最终撤退至古斯塔夫防线的蒙特卡西诺修道院的主要防御阵地之前，德军后卫部队又阻滞了第 5 集团军几乎一个月。在他们的 12 月攻势开始以来的 6 个星期里，美军在中部区域只设法前进了 7 英里。而对于凯塞林来说，这是他的乐观主义和防守战术合理的证明。11 月 21 日，希特勒对这两点做出了个人嘉许，他选择了凯塞林，而非隆美尔作为意大利所有军事力量的总指挥。这次战役以来，凯塞林第一次有了与盟军人数大致相当的部队，在战术情况下，一般进攻方应有 3 ： 1 的优势。他缺少空中和海上的支援，但地形和气候成为他前所未有的好朋友。而且现在，古斯塔夫防线加固和防守得十分强大，他相信，"英国人和美国人要想啃它，将在上面崩掉牙"。

蒙特卡西诺
修道院的毁灭

在1943—1944年冬天，向罗马挺进的盟军发现，他们的进攻路线被一座叫作蒙特卡西诺的威严的山丘所阻断。位于艾特奈尔城东南75英里的这座亚平宁石峰巍然耸立，高出环绕四周的利里峡谷1700英尺。在山脚下依偎着有2.5万居民的卡西诺城。在其顶峰，是由院落以及被厚厚石墙勋起的四层高居住区围绕着的墓地等组成的蒙特卡西诺修道院建筑群。修道院是公元529年由本笃会创办人圣本尼迪克·特奴儿西亚所建，这座寺庙也是本笃会的诞生地，实际上是西方隐修院制度的滥觞之地。它有两次被夷为平地，一次是入侵军队所为，一次是由于地震，但是每次灾难过后修道士们都进行了顽强的重建。修道院不但是基督教研究的中心，而且还是本笃会珍贵物品的储藏地。提香、戈雅和艾尔·格列柯的无价油画悬挂在墙上，还有包括奥维德、贺拉斯和西塞罗等手迹在内的约7万件文物在修道院的档案室中收藏。

虽然盟军和轴心国的领导都曾同意不随意地破坏文化和历史遗迹，但一些盟军指挥官怀疑德国人已经占据并强化了修道院，因此把它列为有效目标。然而，实际上第14坦克师首领艾特林将军意识到，像修道院这样明显的陆上目标，是极易引来炮火的，于是他命令他的部队在山下很远的一个相邻山脊上构筑工事。当1944年2月15日炮击修道院的时候，德军士兵仍然不许进入里面，而炮火炸死了若干在里面避难的市民。

1944年初，蒙特卡西诺修道院未受损害地矗立在岩石山峰上，而炸弹却在卡西诺镇（前景）上面的小山上爆炸开来。修道院的大部，包括它的中院（上插图）和长方形圆柱大厅（下插图）的年代，可以上溯至17世纪由巴洛克时代工匠的重建。

船运文物
到罗马

1943年10月，随着盟军的炸弹在他的门前石阶爆炸，79岁的格里高里奥·迪阿美里修道院长接受了德国人的建议，把修道士们和蒙特卡西诺修道院的珍藏用卡车运到罗马。一位德国摄影师记录了德国人、修道士和城市难民把圣餐杯、古书、油画和其他珍贵物品装进板条箱，然后装进卡车里的混乱场景。

为了防止盗窃，迪阿美里坚持每辆装载文物的卡车由两名修道士伴随，到11月中旬，大多数修道士和100多辆装载文物的卡车已经安全抵达罗马的圣安塞欧和圣保罗的修道院。出于安全考虑一些由那不勒斯博物馆送到蒙特卡西诺修道院的物品，在赫尔曼·高瑞坦克师的斯迪莱托的总部被偷。而大多数国家财产都被交给了在罗马的意大利当局。

对于那些曾发誓要在蒙特卡西诺度过一生的人来说，离开是一个痛苦的经历。迪阿美里修道院长和他的年轻秘书马蒂诺·马罗诺拉，以及其他8位修道士留下来照顾修道院，并安抚数百名从附近村庄聚集到这里的惊慌失措的百姓。

1943年10月，德国士兵，其中许多是木匠，正在钉准备装运蒙特卡西诺修道院珍品的箱子。

1943年12月，卡车队拉着装
有修道院珍品的木箱子向罗马的卡
斯台尔圣安吉罗进发。

Amici italiani,

ATTENZIONE!

Noi abbiamo sinora cercato in tutti i modi di evitare il bombardamento del monastero di Montecassino. I tedeschi hanno saputo trarre vantaggio da ciò. Ma ora il combattimento si è ancora più stretto attorno al Sacro Recinto. E venuto il tempo in cui a malincuore siamo costretti a puntare le nostre armi contro il Monastero stesso.

Noi vi avvertiamo perché voi abbiate la possibilità di porvi in salvo. Il nostro avvertimento è urgente: Lasciate il Monastero. Andatevene subito. Rispettate questo avviso. Esso è stato fatto a vostro vantaggio.

LA QUINTA ARMATA.

Italian friends,

BEWARE!

We have until now been especially careful to avoid shelling the Monte-Cassino Monastery. The Germans have known how to benefit from this. But now the fighting has swept closer and closer to its sacred precincts. The time has come when we must train our guns on the Monastery itself.

We give you warning so that you may save yourselves. We warn you urgently: Leave the Monastery. Leave it at once. Respect this warning. It is for your benefit.

THE FIFTH ARMY.

2月15日，在盟军轰炸期间，蒙特卡西诺修道院黑烟翻滚。在此前一天，美军的榴弹炮进行了25个轮次的炮击，炮弹里还裹挟着警告要轰炸的宣传品（见插图）。

盟军炮弹

致命的毁坏

从1月末到2月初，盟军对卡西诺城和附近区域的炮轰，随着对德军阵地重点地面进攻的发起而进一步升级。虽然修道院对双方来说还是禁区，但流弹是如此经常地打中这里，以致修道士们被迫在地下室或过道安身。地下室只能容纳少数难民家庭，而大多数市民不得不在地上栖身。

数周的血腥战斗在僵局中结束后，盟军部队在这一地区的指挥官哈罗德爵士将军下令摧毁寺庙，尽管他的许多高级军官强烈反对这样做。2月14日，在盟军空投了传单，警告轰炸即将进行之后，迪阿美里向所有修道士宣布，他们可以各自行事。修道士们选择了留下来照顾伤病员。一些试图逃离的难民在门口被德军士兵拦住了，他们怕这些逃跑者向盟军泄露这里的珍贵情报。在2月15日白天的8次攻击中，239架轰炸机向寺庙投下了576吨炸弹。在北部的卡斯台勒马西莫的总部，艾特林一听到爆炸声，就自我嘟囔道："这白痴！他们终于干了。我们所有的努力都白费了。"

在盟军炮击后的两天，难民离开了修道院。尽管一位修道士警告说，他们这样很容易成为飞机攻击的目标，但吓坏了的幸存者们还是拒绝下山时分散开来。

福里多·冯·森格尔·安得·艾特林将军，是一个虔诚天主教徒和本笃会一个非神职组织的成员，他正在帮助阿伯特·迪阿美里院长坐进汽车，去往罗马。

逃向安全

两天以来，本笃会的教徒们挤在地下小教堂里，始终抱着梵蒂冈会对盟军施加压力，至少能有一次临时停火的希望。可在他们的头顶上，炸弹在爆炸，建筑在坍塌，修道院破碎了，将男人、女人和孩子们压在了废墟之下。包括4名修道士在内的大多数幸存者，是在攻击的间歇期沿着一条骡子走的石路下山而逃离战火的。

2月17日早晨，在盟军恢复攻击之前，迪阿美里决定将命运掌握在自己手里。7:30，院长那赢弱的身躯肩扛一个巨大的木制十字架，带领着他的门徒们和其他40多名幸存者走下山道。他们走了大约3个小时，然后在德国人的一个急救站休息和进餐。第二天早上，在马纳罗拉，迪阿美里通过德国广播采访谴责了轰炸本笃会的行为。在下午晚些时候，来了一辆救护车，将迪阿美里和马特罗诺拉载到艾特林的总部。在圣安塞欧，俩人与他们来自蒙特卡西诺的修道士们重逢了。

废墟中的
坚守

在迪阿美里他们离开修道院不久，德军伞兵第1师的部队进入那里。炮轰使修道院变成一处绝佳的防御阵地。大片的废墟使院子成为一道道障碍物。而被摧毁的地下室和地下走廊则成为战壕。伞兵们顽强地防守到5月18日。第二天早晨，来到修道院的波兰军队发现多数德军已经溜走，十几具市民的尸体被废墟掩埋着。

一个德军少校正在修道院的
废墟中向下属布置任务。

1944年4月,德军伞兵在蒙特卡西诺修道院炸塌的一堆乱石中用机关枪扫射。

186

两个德军士兵在修道院堆满瓦砾的院子中，择路而行。

漫长的
修复之路

　　盟军的攻击一开始，纳粹的宣传机器就立即发起攻势。一家德国新闻机构大肆鼓吹："这座修道院已经被野蛮人摧毁了几次。今天这些野蛮人叫作英国人和美国人，他们的意图就是要消灭优越的欧洲文明现象。"几十年来，盟军顽固地坚持炮击是合理的，因为当时修道院是德军把守着。直到1969年，美国军队才悄悄地承认，修道院实际上没有被德军占领。

　　甚至在战争结束前，本笃会的教徒们和一些意大利士兵以及德国囚徒，就开始努力地进行这历史上的第4次重建。40年后，修复工作几近完成。

　　轰炸一年后，一位本笃会的修道士在通向蒙特卡西诺修道院主门的遍布石块的路上跋涉着。虽然修道院已是一片废墟，但许多修道士在1945年就回来了，而且在匆忙搭建的房屋里又重新开始他们的生活，而修道院的重建工作就在他们周围进行。

4. 永恒的城市及以后的事

经过 1943 年 12 月下旬的短暂休整，第 15 集团军司令官哈罗德·亚历山大爵士上将命令恢复对古斯塔夫防线的强攻。由杰奥福雷·凯斯少将指挥的美军第 2 军担当主攻任务，目标是攻击德军战术据点并封锁直接通往卡西诺的 6 号高速公路的两侧。美国人得到了来自左翼的英军第 10 军和来自右翼的、新近到达的法国远征军的支持。由阿方索－皮尔·朱安将军指挥的法国军队为盟军提供了受欢迎的新鲜血液。这只军队由阿尔及利亚第 3 师与摩洛哥第 2 师组成，他们是经受过山地战争的磨炼的殖民军。自 1940 年法国耻辱地战败以来，这是这支法国军队第一次面对德国人的时候，他们充满了战斗的渴望。

在寒冷的天气中，战斗持续了两周，这期间盟军向着莱皮多和格里格良诺河艰难地前行了几英里。为了避免重大损失，德军第 44 师和来自第 15 坦克掷弹师的一部，为了让他们的战友可以沿着湍急的河流、险峻的山峰和沟壑加强战地工事而去拖延时间。成功后，他们就可以撤退了。

德国工程人员充分地利用了这个机会。他们创造了充满智慧和致命的网络工事，为了更好的机枪位置

1944 年 3 月，德军精锐的第 1 伞兵师的士兵们在被摧毁的卡西诺城里艰难地行进。在 2 月末接管这座城市和附近的蒙特卡西诺修道院之后，德国伞兵在此顽强地据守了两个多月。

扩大了山洞或在岩石中打洞；修建了数百座防弹的地堡、迫击炮掩体和机枪掩体；推平了许多房屋和树木，以增强地面火力；在山坡布满了灌木丛和铁丝网；到处埋设地雷。战地元帅阿尔贝特·凯塞林的参谋长西格福雷德·威斯特菲尔将军这样说："已向部队强调指出，拖延行动的时期已经过去，现在是需要岩石般防守的时候了。"

凯塞林在此阻止盟军，承受了巨大的压力。自12月中以来，德军最高指挥部要求他就卡西诺防区防御做每日进展汇报。元首本人也在密切地监督着这里的形势。整个地区，包括在蒙特卡西诺山顶上那座世界著名的本笃会庙宇在内，都将在寸土必争的激战中，变成血染的战场。

在罗马东南艾尔班山区的名胜之城福兰斯卡蒂，凯塞林在他的总部将盟军的调动视为另一次两栖入侵的前奏。"最近几个月的残酷战斗使我相信，盟军不顾后果地投入部队，必然隐藏着一些进一步的目的。"他写道，"我不相信，亚历山大会更长久地满足于盟军前线推进的速度如此缓慢和代价如此之大，早晚他必然会以登陆来结束这一切。"问题在于什么时候登陆和在哪里登陆。为了对付这种威胁，凯塞林压制了负责古斯塔夫防线的第10集团军指挥官菲廷霍夫的抗议，将经验丰富的第29师和第90坦克掷弹师的2.5万人从防线上撤出，并将他们部署在罗马郊外。

装备着一种叫作 Panzerfaust 的反坦克武器，一名坦克掷弹手在卡西诺附近等待盟军的进攻。这种 Panzerfaust 是由一个简单的钢管和一个穿甲弹组成。

那不勒斯对于盟军发动两栖行动来说，是个明显的基地。凯塞林从情报机关提供的报告中得知，美军工程技术人员已经修复了德军在去年 9 月撤离时所遭受破坏的港口，以及目前具备 35 万吨的船运能力。但是由于盟军拥有制空权，侦察飞机无法飞临盟军区域上空，以确定运输机、战舰和登陆艇的位置，也无法确定即将从海上来临突袭的其他证据。

德国反间谍机关头目威尔海姆·卡纳里斯上将在福兰斯卡蒂的出现，也未能说清未来战局的图景。这位最高统帅部的情报首脑建议说，在那不勒斯港口有足够

193

的船只发动一场远征，现在还"没有任何迹象表明，在最近的将来，一场新的登陆将要开始"。凯塞林对此并不完全相信，但是威斯特·菲尔通知战地指挥官，"在未来 4～6 个星期，登陆是不可能的"。

盟军首领几个月来也一直争论在意大利西海岸进行另外一次两栖入侵的问题。温斯顿·丘吉尔极力鼓吹这种想法，即为了打破在意大利前线的僵持，以一次单独而大胆的一击，占领罗马。美国人对此缺乏热情，他们提醒英国首相在 1943 年 11 月德黑兰会议期间给斯大林的承诺。当时盟军向这位苏联独裁者许诺，他们将在 1944 年春，通过在法国西北部发动交叉路线的"霸王"战役，以及在法国南部马赛附近进行的另一次"铁砧"战役，开辟第二条战线。由于用于登陆的飞机和船只的供给有限，而且需要为这些行动进行集结，因此进行另一次海上入侵似乎是不可能的。

直到 12 月 28 日，福兰克林·罗斯福予以批准，这最后的决定才算做出。为了保证必需的船只，罗斯福同意延迟进攻至 2 月下旬，直到大约有 60 艘登陆艇从地中海战区驶向英国，以确保盟军在海上的霸主优势。丘吉尔的愿望是，在预定的跨海进攻之前，盟军能占领罗马。

亚历山大和美国第 5 集团军司令官克拉克将军委以美军第 6 军约翰·卢卡斯少将指挥入侵的重任。他将指挥在罗马以南 35 英里安齐奥古城和在古斯塔夫防线西端后方大约 62 英里处登陆的英美部队。埃尔班山将

盟军在安齐奥的出其不意

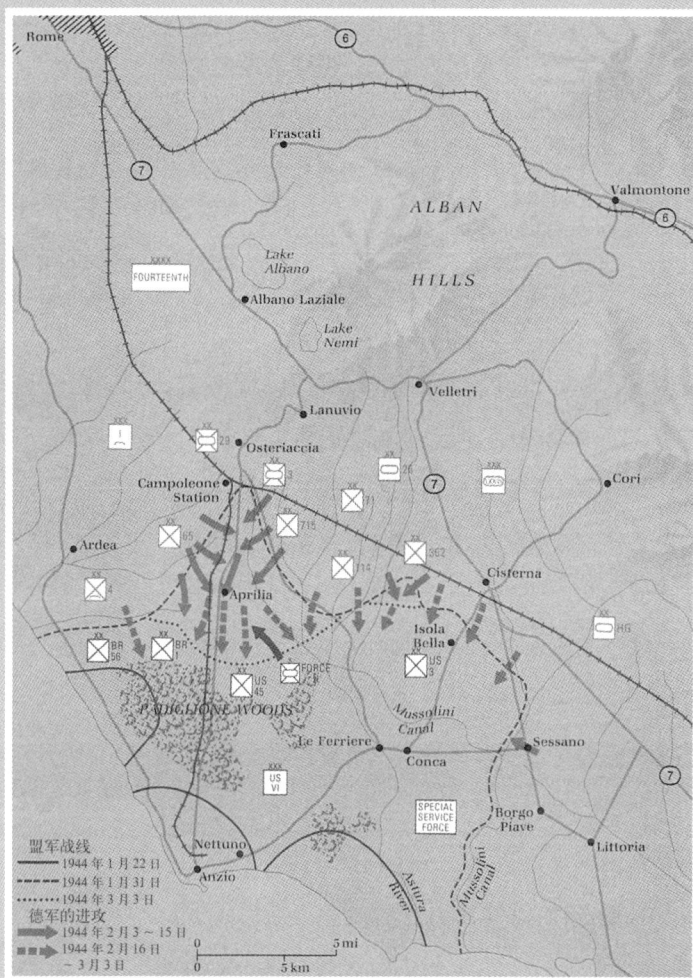

地图标注：
Rome
Frascati
Valmontone
ALBAN HILLS
Lake Albano
FOURTEENTH
Albano Laziale
Lake Nemi
Velletri
Lanuvio
Osteriaccia
Campoleone Station
Cori
Ardea
Cisterna
Aprilia
Isola Bella
PADIGLIONE WOODS
Mussolini Canal
Le Ferriere
Sessano
Conca
US VI
Borgo Piave
SPECIAL SERVICE FORCE
Littoria
Nettuno
Anzio
Astura River
Mussolini Canal

盟军战线
—— 1944 年 1 月 22 日
------ 1944 年 1 月 31 日
……… 1944 年 3 月 3 日
德军的进攻
➡ 1944 年 2 月 3～15 日
➡ 1944 年 2 月 16 日
　～3 月 3 日

0　　　5 mi
0　　　5 km

　　1943 年 1 月 22 日，美国第 6 军在意大利西海岸的安齐奥登陆，正抓住了凯塞林的疏于防守。他刚好将后备部队的大部分调出去抵挡盟军对古斯塔夫防线新一轮的进攻，使得罗马以南的海岸基本上不设防。但是盟军十分谨慎的推进，给了凯塞林时间从不少于 8 个师中抽调和集合了一支强大的部队，并置于麦肯森的第 14 集团军之下。德军在 2 月第一个星期的攻击，向沿安齐奥至艾尔班公路的敌军突出部位的两翼施加压力。经过几天的残酷战斗，他们重新夺回了阿普里亚，并击败了一系列猛烈的反击。现在，在从海岸不到 10 英里的距离内，凯塞林进行他的最后一搏。16 日，德军重新开始了他们对通往安齐奥之路的进攻，同时还对敌人的侧翼开展了有力的牵制行动。但是，现在的盟军是在为了他们的生存而战，同时还得到了空中和海上强大的炮火支援，所以在德军最初有所得之后，他们挺住了。3 月初，两支打得精疲力竭的军队停了下来，进入了长达数月之久的僵持状态。

安齐奥与罗马分隔，安齐奥门户敞开，低矮的地形有利
于两栖入侵，易于补给船只抛锚。亚历山大和克拉
克希望通过在凯塞林部队后方的登陆切断他的联络，
迫使他从古斯塔夫防线撤退。在登陆的前几天，第 5
集团军的剩余部队将沿古斯塔夫防线发起进攻，以吸
引德军后备部队，将菲廷霍夫的所有部队钉死在那里。

克拉克的 4 个军，每个军都面临着不可回避的任务。
在盟军左翼，英军第 10 军将穿过湍急的格里格良诺河
的低洼地。在右翼，朱安所属的法国殖民部队将占领沿
莱皮多河地势错综复杂的上游河滩的陡峭山峰，这条河
位于卡西诺西部和西北部。最大的努力将在中部做出，
在这里美国第 2 军将在位于卡西诺东南两英里的圣安吉
罗跨过莱皮多河。一次成功的突袭将打开通往利里峡谷
的入口，这是征服者从南部进入罗马的路线。如果一切
进行顺利的话，卢卡斯的部队将拿下安齐奥的滩头阵地，
加入到第 5 集团军其他的部队，直奔罗马。

在法国军团开始他们在山区的使命之后第 5 天，
英军于 1944 年 1 月 17 日一个没有月光的夜晚，发起了
进攻。在强大的空军、海军和火炮的支援下，部队乘坐
突击船和坦克登陆艇在河口湾附近穿过格里格良诺河。
缺少经验的德军第 94 步兵师防守的阵地被全面击溃，
菲廷霍夫曾经希望湍急的河流和沿两岸埋设的 2.4 万枚
地雷将阻止穿越。但是在攻击的最初 24 个小时，英军
向对岸摆渡了 10 个营。他们在战线的左面向明图尔诺

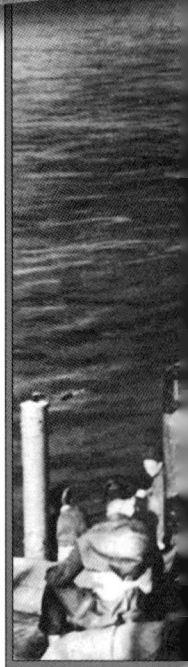

一艘运载卡车的盟军坦克登陆舰正向安齐奥附近的浅海滩前进，此时一艘驱逐舰在施放保护性烟屏。这是撒落在安齐奥上空可怕的德军宣传册之一（见插图），是精心设计用来吓唬入侵部队的。

城推进了 3 英里，在右面向山区前进了两英里，再有几英里，他们将包抄蒙特卡西诺。

艾特林将军，是负责战线西侧防务的第 14 坦克军的司令，他立即意识到了这个危险。他没有时间向菲廷霍夫请示，就打电话给凯塞林，催促他动用那些预备师。当菲廷霍夫得知这个危机后，他支持了艾特林的请求。

凯塞林现在面临着困难的决定，如果他命令预备部队上前线，罗马将基本上丧失了对两栖登陆的防守。随后在他的总部发生了一场争论。他的参谋长韦斯特法尔反对这项动议，韦斯特法尔把英军的进攻视为佯攻，目的在于把军队从海岸边吸引走。也许，凯塞林同意这个观点。但是盟军的登陆并没有实施，而对古斯塔夫防线的威胁却是实实在在的。这位陆军元帅站在了战地指挥官的一边，他向前线调了两个师。"第 10 集团军右翼的命运悬于一根细线，"凯塞林后来解释道，"如果我不满足该集团军指挥官的要求，敌人可能从他的右翼长驱直入，没有人能说出撤退会在哪里停下来。"

凯塞林的行动迅速得到了回报。1 月 19 日，英军试图让一个旅在几英里距离的上游过河，以便为预定在第二天发动进攻的美军左翼提供保护。这一次，得到预备部队加强的德军第 94 师阻止了英国人，而在第二天进行的反攻又收复了一些失地。

尽管德国人成功地阻击了英军，但克拉克仍然命令凯斯于 1 月 20 日在圣安吉罗实施对莱皮多河的穿越。

凯斯将这个任务交给了美第 36 师，这是一支在塞莱诺之战使自己成名的得克萨斯州国民卫队。两位将军都预料到会有严重的损失，但从没有想到会出现这样可怕的屠杀结果。

盟军的战机和火炮预先进行了轰炸，但德军立即予以反击。精锐的第 15 坦克师是艾特林最棒的部队，当美军在一片暴露的泥泞低平地跋涉，试图乘坐笨拙的突击舟渡过狭窄、湍急且河岸很高的河流时，来自第 15 师的大炮、迫击炮和轻型武器毁灭性的火力，将他们横扫在地。甚至在美军抵达渡河地点之前，德军就已经摧毁了美军 1/4 的渡河设备，而几小股迅速抵达对岸的美军发现，他们陷于致命的火力网之中。

德国人在第二天晚上打退了敌人的第二次突袭。这次美国人试图让一个营从一座临时搭建的步行桥上过河，但结果是一样的——他们被据守在壕沟里的德军机枪手彻底粉碎。其他人所能做的就是再从河上渡回来。德军坦克掷弹师给艾特林发送了简明扼要的总结："过了河的强大敌军突袭特遣队被消灭了。"

这场不均衡的战斗使美军阵亡了 143 人，875 人失踪，663 人受伤，还导致战后美国国会对此事的质问。而德国的损失则几乎为零。

当德军正在消灭莱皮多河美国人的最后抵抗时，凯塞林担心的两栖突袭在安齐奥展开。1 月 18 日，即在英军渡过格里格良诺河的第二天，凯塞林命令所有部队都处于紧急戒备状态。但在 1 月 21 日，凯塞林听从了他的参谋请求——持续处在战斗戒备状态对人的耗费很大，提早一天解除了戒备。在 1 月 22 日拂晓前，一支由美国、英国、荷兰、希腊和法国等国的 200 多艘船只组成的庞大舰队，在海军少将弗兰克·劳瑞的率领下，在安齐奥对岸开始下卸部队，大约有 3.6 万人和 3200 辆车上了岸。德军只有分散的海岸炮兵和防空炮兵开了火，但很快被盟军摧毁。截至上午 10 点左右，美国的第 3 师从城市以南的海岸向内陆行进了 3 英里。当美军特遣队占领安齐奥港口时，509 伞兵步兵营夺取了邻近的内图诺城。在安齐奥以北，英军第 1 师在突击队的支援下，在两英里纵深的地方开辟了滩头堡。

卢卡斯将这次行动称为"在历史上最令人吃惊的行动之一"。在盟军登陆部队与罗马之间，仅有德军的两个营驻守，一个大胆的突击就能占领该城。但卢卡斯并不知道这一情况，即使他知道，他也缺少进行这种突袭所需要的装甲车辆。

登陆消息传来，使凯塞林的总部弥漫着惊恐的气氛。这位陆军元帅匆忙实施了一项预设的"警报"计划，这是他的参谋事先搞出来以应付这种紧急情况的。代号为"理查德"的这项计划，可以使用特殊的机动特遣队急赴战区。德国最高统帅部也从法国南部调来第 715 师、从巴尔干抽调 114 师和从意大利北部调来第 65 师以及362 师以帮助凯塞林。

凯塞林此时也在搜集各种各样的部队来封堵从安齐奥通向艾尔班山区的道路。这些临时补缺的部队包括各色品种：德国空军将军瑞特·冯·保尔的防空人员，第 29 坦克掷弹师的一个营，已经从战线上撤出赫尔曼·高瑞坦克师的一些炮兵和一个坦克团的一部分，第 3 和第 4 伞兵师的一部分，来自卡西诺第 15 坦克掷弹师的一个团。

到了第二天的晚上，盟军只是稍稍扩大了滩头堡的范围——有了大约 7 英里纵深、16 英里宽的一个区域。而在另一方面，临时拼凑的德军已经建立了一个坚固的防线，同时更多的部队正在赶来加入进来。对这一防区的视察鼓舞了凯塞林。"我有这种自信的感觉，"他说，"就是盟军错过了占领罗马的绝好时机。"他打电话给菲廷霍夫告诉他，已经没有必要向安齐奥增派援军，更不用说考虑撤退。

当第 14 军艾伯哈德·冯·麦肯森将军，从意大利北部抵达这里出任被凯塞林称为"乱七八糟的杂牌军"的指挥官时，8 个德国师的部队已各就各位，而另外 5 个师正在前来的路上。整个滩头堡都在德军远程炮火的范围之内，而且德国空军已经开始进行轰炸。凯塞林给了麦肯森两个任务：勒紧包围敌人的绳索，然后将他们赶下大海。

卢卡斯将军曾被克拉克告诫不要进行不必要的冒险，现在他将注意力集中在让他的军团余部上岸，并建

立一个强大的滩头堡阵地。到了入侵的第 4 天，即 1 月
25 日，英军的唯一进步是向前推进了 4 英里，因而占
领了通往艾尔班山区路上的一个村庄——阿普瑞利亚。
同样担心德军反击的克拉克很赞赏卢卡斯的谨慎。但是，
告诉他的军团指挥官，他需要更多的攻击性，以缓解在
卡西诺的第 5 集团军的压力。

　　1 月 30 日，卢卡斯终于发动了一次两翼的进攻。
英军第 1 师从阿普瑞利亚向北推进，夺取了 4 英里以外
的坎普雷奥尼城。但是，计划中由美军第 1 装甲师的跟
进却在泥沼中受困。在右翼，由 3 个特遣营引导的美军
第 3 师，将要向东北塞斯特纳城运动，以切断第 7 号高
速路——这是古罗马时代，在罗马与卡普亚之间的军事
大道，然后从东面进入艾尔班山区。在塞斯特纳城不到
半英里的地方，盟军特遣队进入了赫尔曼·高瑞坦克师
设的埋伏区，新近从法国抵达的 715 师特遣队的 767 人，
只回来了 6 个人。剩下的要么被杀，要么被俘。

　　盟军在沿艾尔班山区和塞斯特纳城这个半圆形的
战线受阻，第 6 军转而进入防守。卢卡斯组成了一支拥
有 7 万人和 356 辆坦克的大军，但是，他们现在却被大
约 9 万人的德军包围着。

　　希特勒确信，在安齐奥即将发生的战事，将是这
场战争最为关键的战斗之一，所以他强迫凯塞林发起反
攻。元首形象地将盟军的滩头堡形容为"罗马南部的肿
瘤"，他不但将其视为对他的欧洲要塞的威胁，而且还

炮兵在为巨大的 280 毫米铁路火炮清理炮管，德军用它来轰击安齐奥滩头阵地。当这大炮不发射它的 561 磅重的炮弹时，为了安全起见，这威力巨大的炮就藏在位于内陆 16 英里的威莱特里附近的铁路隧道里，以防空袭。

是一个结束自 1942 年秋天以来，德国军队所遭到的一系列惨败的机会。德军一个巨大的胜利，可能会迫使盟军在入侵法国北部之前，做重新的考虑，这将为德国生产超级武器——喷气式飞机、远距离导弹和经过改进的潜水艇争取时间，而这些武器将扭转战局。他在给他在意大利的指挥官们的一封信中说："即将到来的为了罗马的战斗，必须满怀着对敌人的仇恨来打，这些敌人发动了要消灭德国人民的无情战争。"

与此同时，盟军还在继续打击古斯塔夫防线。1月24日，也就是美军第36师在莱皮多河受重创的两天后，克拉克命令凯斯使用另外一个步兵师第34师再试一次。美军将要在卡西诺北面河水浅到足以涉水而过的地方渡河。一支部队将试图占领这座城市，而另一支则向西直入可以俯视利里峡谷的山区。

德国人已经摧毁了河上游的一座水坝，迫使美军在到达冰河之前，穿过一片水浸地。有20辆坦克深陷沼泽，以致美军不得不放弃它们。在更远的对岸，德军从密布地雷的较矮山坡上的隐蔽阵地里猛烈射击，构成了一道火网。美国人最终占领了他们的第一个目标——一座被德国人改为战术据点的前意大利军营。一个步兵营在坦克的支援下运动至卡西诺北面外围，但被机关枪和反坦克火力阻击。在2月的最初一个星期里，另一个美军营一点点地爬上了445号山，这座圆顶的山峰仅位于主峰寺庙以下400码，但他们又被德军赶了下去。

一幅德国卡通把蒙特卡西诺山和邻近的高峰描绘成贪婪的魔鬼，正兴奋地吞食英军和美军。这幅卡通所描绘的可怕地准确，在围绕卡西诺的一系列战斗中，盟军部队遭受了10万多人的损失。

德军医务人员正在艰难地将一名伤员从蒙特卡西诺山陡峭而又充满危险的坡面下撤。在这样的地形，要花费 8 个小时的时间才能从山两侧将伤员运到战地医院；许多人在路上就被炮火或地雷炸死。

向北两英里，由朱安将军统帅的法国殖民部队夺取了蒙特贝尔威得里，并企图来一次变向运动，以便和山区的美军联起手来。可是，德军同样阻止了他们。

寒冷而潮湿的气候使士兵们的生活苦不堪言，无数的人患上了呼吸疾病和战壕足病倒下了。美军第 34 师被迫雇用 1100 头骡子和 700 名担架员来供应部队和在与羊肠小道没有什么区别的山路上撤离伤员。德军也遭受着同样的苦难，"炮火要让我发疯了，"一名德国士兵在日记中写道，"我从没有像现在这样害怕和寒冷。供给越来越短缺，15 个人，只有 3 条面包，没有热饭。"

到了 2 月 11 日,一场暴风雪结束了这场战斗,法国军团的两个师损失了 2500 人;美国第 2 军损失了4200 多人,英军损失了 4000 人。盟军付出这些代价所得的是,英军在格里格良诺建立了桥头堡,法军占据了蒙特贝尔威得里以及美军在莱皮多的小山上建立的桥头堡。盟军的策略失败了,安齐奥登陆并没有迫使敌人从古斯塔夫防线撤退。相反,德军的防御比以前更难穿越了。

在 2 月初,双方都从亚得里亚前线调来了新的部队。菲廷霍夫将第 1 伞兵师和第 90 坦克掷弹师加入到古斯塔夫防线的阵地上,还把第 29 坦克掷弹师调回安齐奥。亚历山大则派英军第 8 集团军的第 5 师增援在格里格良诺的第 10 军。他还调了两个精锐师——新西兰第 2 和印度第 4 师,这两个师与英军第 78 师和美军第 1 装甲师的一个战斗队共同组成新西兰第 2 军,该军受伯纳德·福雷伯格中将指挥。

福雷伯格很快就引发了一场在这次战争中最为激烈的争论——炮轰蒙特卡西诺修道院。双方的战斗人员表面上都约定保护意大利的文化和历史遗迹,盟军承诺只有在"军事上必须"的情况下是例外。在许多盟军部队的眼里,修道院是一个必须摧毁的威胁。就像一位军官解释的那样:"无论你走到哪里,那儿总有修道院在看着你。"F.S.图克少将率领的印度第 4 师接替了被战斗削弱了的第 34 师,他对这个事情更是直率,他告诉福雷伯格:"我必须通过重炮猛轰,使寺庙减少。"

卡西诺战线

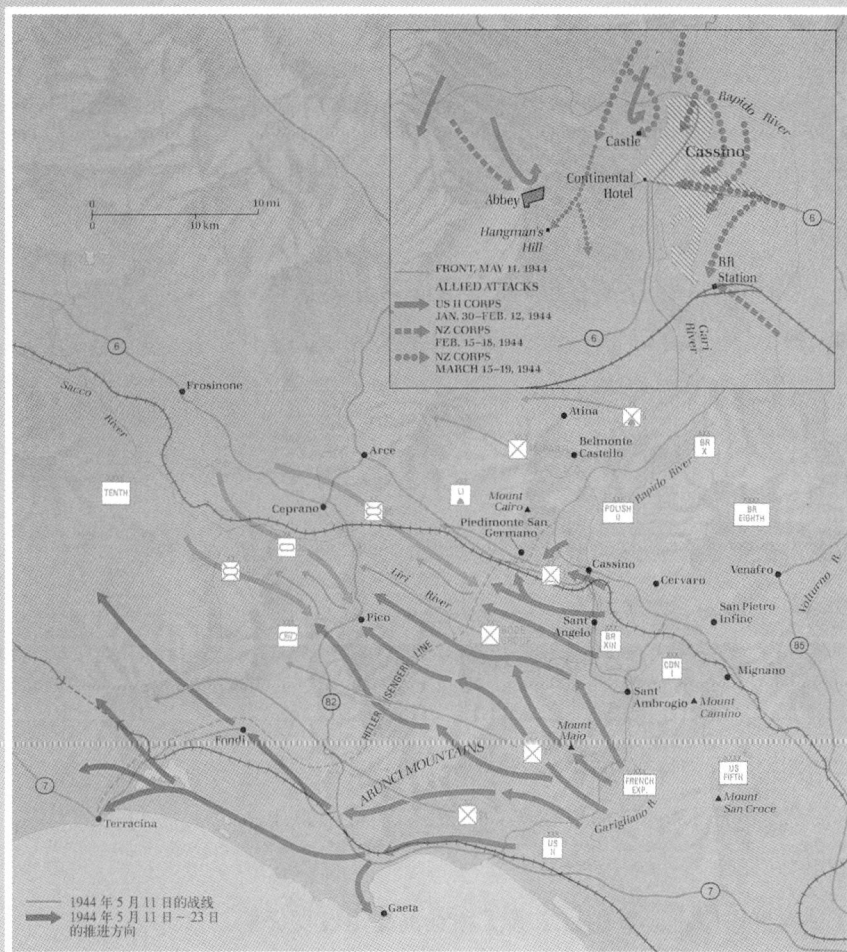

古斯塔夫防线的要害之处是卡西诺城（见插图），它位于湍急的莱皮多河后面，并处在蒙特卡西诺山丘的底座，被圣本尼迪克特中世纪修道院俯视着。这座城和修道院共同控制着对利里峡谷的接近和通向罗马的道路。在1944年1—3月，盟军进行了3次徒劳的努力，企图冲开这座山的阻碍，进入下面的峡谷。修道院和城镇已变成废墟，但是德军就坚守在废墟里。到了5月，盟军终于将大批增援部队调至南面，突破了德军沿着奥伦奇山对面海岸的防线。随着右翼的破碎，德军被迫整个防线后撤。尽管德军得到增援，但在希特勒防线站住脚跟的企图被打破了，于是盟军朝罗马滚滚向前。

福雷伯格要求进行空中炮击引燃了一场高层的争论。克拉克反对这样做，他争辩说，炮轰修道院不但会送给德国人一个宣传上的胜利，而且还会由于建筑变成了废墟使要塞变得更加坚固。然而，亚历山大感到如果福雷伯格坚持那是军事上必须的，他不能拒绝这个请求。福雷伯格就是这样做了。

这件事都集中到盟军地中海战区最高指挥官亨利·梅特兰·威尔逊将军身上。威尔逊派遣他的副手雅各布·德弗斯少将和他的空军司令艾拉·埃克少将进行调查。这两个美国将军在修道院上空进行了一次低空飞行，然后认为他们看到了支持福雷伯格意图的证据，即德军正在利用这座建筑。实际上，艾特林将军已经禁止他的部队进入修道院，在院内并没有德国人。

为了避免被流弹击中，印度第 4 师撤出了从第 34 师接手的、得之不易的回飞镖形山脊上的阵地，美国人把这座山脊称为白蛇头花，它接近蒙特卡西诺的山坡。第二天，2 月 15 日，两批盟军轰炸机在修道院投下了 600 多吨炸弹。

当轰炸停止，幸存的修道士和难民爬出废墟，躲到安全的地方，之后德军伞兵占据了瓦砾中的阵地。"现在，"艾特林后来说："我们将毫不犹豫地占领修道院。德军有了一个强大的指挥性的战术据点，它将为随后而来的战斗付出代价。"德军还再次占领了曾被遗弃的地面，做好了迎击来犯的盟军的准备。在接下来的几天里，英军的皇家苏塞克斯营，在试图占领白蛇头花山脊 593 高地的战斗中，共损失了一半人马。第 4、第 6 两个拉杰普塔纳来复枪队和两个由尼泊尔人组成的营，也损失惨重地被打了回来。

与此同时，在 2000 英尺之下，来自新西兰第 2 师的毛利营占领了卡西诺火车站，这里距 6 号高速路环绕修道院山进入利里峡谷的拐弯处仅 1/4 英里。但在 2 月 18 日，第 211 坦克掷弹团的坦克和步兵发起了反攻。利用新西兰人曾经用来遮蔽他们行动的烟幕，德军从两面突破，将毛利人赶出了车站。

不久，大雪和冷雨就使得进攻行动成为不可能。从他们恢复战斗，近一个月过去了，在这时，德军最凶悍的部队之一——第 1 伞兵师将守卫封锁了通向罗马之路（嗜血的瓶颈口）。

当卡西诺前线战斗正酣，希特勒渴望的反击在安齐奥打响了。2 月 10 日，麦肯森的部队再次夺回了滩头堡以北位于安齐奥至艾尔班道路上的阿普瑞里亚。德国人现在有了一个向大海发起最后进攻的跳板。当最后的增援部队滚滚而来的时候，前线安静了几天。这使得麦肯森兵团的人力超过 12.5 万人，大约超出卢卡斯拥有数量的 25%。在到达部队中有著名的来自柏林的精锐步兵分队，在柏林他们是以里尔团著称的。他们为希特勒所宠爱，他欣赏他们的雅利安面孔，政治上的可靠性和在野外演习中符合教科书的表现。

就像在关键战斗到来时经常发生的那样，希特勒现在又直接插手这项作战计划的每一个细节。他命令在狭窄的前线发动突袭，以便炮兵能进行徐进弹幕射击，这让人"想起第一次世界大战所使用过的战法"。他还坚持里尔团应被用来充当先锋，虽然这些人没有战斗经验。希特勒希望麦肯森的部队能在 3 天之内打垮盟军。

凯塞林和麦肯森倾向于开辟更广阔的战线，以减少盟军炮火和飞机的威力，牵制住更多的敌人。但是，两位将军发现他们不得不按照元首所有的命令行事，除了徐进弹幕射击，原因很简单，没有足够的炮弹来这样做——半个小时的炮击必须满足。

进攻在 2 月 16 日早晨 6:30 开始，这天是盟军炮轰蒙特卡西诺的第二天。第 1 伞兵军与第 4 伞兵师和第 65 师，向安齐奥至艾尔班道路的西段冲击，与英军对抗。在道路的东段，赫尔曼·高瑞的坦克师在塞斯特纳附近发起牵制性的佯攻。在中段，第 76 坦克军打响了主攻。这个计划要求里尔团、

德军第 14 军团的首领埃伯哈德·冯·麦肯森将军，1944 年 5 月在一片意大利草地上行走，此时他刚刚被解除了职务。

德国部队正在费力地试图将一辆陷在安齐奥附近泥沼里的卡车拽出来。2月的大雨将原本就十分潮湿的地面变成了一片泥沼，从而迫使麦肯森的攻击坦克待在路上，在那儿任凭盟军的炮兵部队和海上炮火肆意蹂躏。

第3坦克掷弹师、第114和715师突破美军第45师。第29坦克掷弹师和第26坦克师应利用这个开口，向大海猛冲。

然而，盟军准备迎接这次猛冲。最初，德军的唯一有意义的成功是由第4伞兵师发起的进攻，他们穿透英军第56师将近两英里。在两天的残酷战斗中，德军试图将英军和美军赶回他们距大海仅7英里的最后防线，但未能得逞。盟军在强大的海军和空军支援下，阵形没有被打破。卢卡斯苦心积攒的重型武器已经起到了作用。

希特勒期待着的壮观结果没有出现。损伤加上屈辱，里尔团崩溃了，它的人也跑了；凯塞林后来写道，他们的行为是"丢脸的"。2月20日，德军中断了进攻。在5天里，他们共损失5000多人。而盟军的损失则相对让人感到安慰。

这场战斗的另一个损失是卢卡斯将军。2月22日，在亚历山大的坚持下，克拉克解除了卢卡斯的指挥权，让这位美国军团司令当了盟军未能迫使凯塞林退出古斯塔夫防线的替罪羊。但是，凯塞林本人并不是事后预言家。"英美军队过于扩张原本对他们来说是灾难性的，"他在战后说道，"登陆部队最初是很薄弱的，只有大约一个步兵师，而且没有装甲部队。作为进攻，这是一种半拉子措施，而且是你们的根本错误。"

克拉克用美军第3师师长卢西亚·K.特拉司考特少将替换了卢卡斯。特拉司考特在德军再次在塞斯特纳附近向他的前任师把守的阵地发起进攻之前，只有一星期的时间进行安顿。在赫尔曼·高瑞坦克师、第26坦克师和第362师小有所得之后，他们又被美国人打了回去。第二次进攻失败后，凯塞林叫了暂停。他和麦肯森得出结论，他们缺少根除安齐奥滩头堡的力量。德军在空中和炮火方面的绝对劣势太大，是无法克服的。

但是，元首会承认这样悲观的估计吗？在3月初，凯塞林派维斯特菲尔到伯克台斯盖登去解释。一开始，希特勒指责维斯特菲尔"诽谤他的军队"，而且命令各个部队和军衔的20名军官从前线返回，以便他能与他们单独会谈。在 3 个小时之内，维斯特菲尔争辩说，损失实在太大，部队已经"消耗到可怕的地步"。希特勒十分罕见地缓和了，"他用明显带有感情色彩的语言说，他深知厌战的情绪已经严重到了何种程度，这折磨着德国人民和军队"。维斯特菲尔回忆说："一个大规模的胜利，比如在东部战线，是不可能的，因为我们没有这种力量。这就是为什么寄希望于突袭能带来成功。"当维斯特菲尔离开的时候，陆军元帅、德军武装力量最高统帅部的首领威廉·凯特尔说："你是幸运的。如果我们这些老蠢货只说了一半你所说的话，元首就会把我们吊死。"

在维斯特菲尔返回凯塞林总部不久，卡西诺前线战事再发。而当恶劣的天气在 2 月 19 日来临，沉寂接踵而来，并一直持续到 3 月上半月，即福雷伯格重组新西兰军团以对古斯塔夫防线实施多次打击之时。由于相信山地进攻已被证明是无效的，福雷伯格现在把重点放在了卡西诺，理由是这座城市很容易接近蒙特卡西诺，因而也容易接近利里峡谷。当印度第 4 师从北面发起进攻的同时，新西兰师将从东面攻击这座城市。这两支部队将占领蒙特卡西诺，与此同时，第 78 师和第 1 装甲师的一部将进入利里峡谷。

3 月 15 日天气终于放晴，盟军指挥部发动了在那个时代最为密集的空中轰炸行动。袭击持续了 3 个小时，大约 500 架轰炸机将卡西诺淹没。这些轰炸机每间隔

15 分钟进行一次轰炸，将大约 1000 吨炸弹投向这座烟雾弥漫、不断颤抖的城市。在不同架次之间暂停的 40 分钟里，盟军火炮就接过来，将另外 2500 吨炸弹射向目标。围绕着这座城市 5 英里范围内，大地在颤抖，好似地震袭来。

这个场景令盟军观察员们肃然起敬。"在我的记忆中，战争的场面从来就没有像这样一边倒。"一位英国战地记者说道，"在上空，那些漂亮、傲慢的银灰色庞然怪物，从下面看来像是一种完全超然的境界，履行着它们的使命；而下面，一座孤寂的城市，在完全被动的状态下承受着这一切。"

卡西诺的德军第 1 伞兵师在地下室和掩体里等待出击。在烟雾和尘土中呼吸是一件"致命和迫不得已的事情"，一位军官回忆说。而另一个感觉是突然同情起在海底深处躲避深水打击的潜水艇的船员。有几个士兵被炮火深埋，不得不用几个小时将他们挖出来。

炮轰终于停止了，领头的新西兰部队向卡西诺城推进，在瓦砾中一个街区一个街区地开辟自己的道路。让他们大吃一惊的是，突然间在废墟中德军伞兵用步枪、机关枪和迫击炮一起开火，最猛烈的火力来自被毁坏了的稍微高于地面的大陆饭店（"木丝"本是这个饭店的原名，后来被错称"大陆"，所以在历史上以后者为人所知）。轰炸远没有清除德军的抵抗，炸弹甚至产生了更多无法穿透的地堡。那天晚上，一场骤雨将弹坑变作

　　在盟军 3 月 15 日密集的空中轰炸后，卡西诺残破不堪。虽然没有一幢建筑能完好无损，但是德军伞兵在地堡和隧道里生存下来，然后将这城市的废墟变为由隐蔽的火力据点构成的错综复杂的迷宫。

德军
伞兵的装备

在西西里以及地狱般的卡西诺,作为步兵参战的德国伞兵(见背景照片)还是穿着最初为伞兵行动设计的式样独特的战斗服。其最显著的特点就是有一件长而稍显宽松、下摆至膝盖的华达呢罩衫或衣裤相连的军服(见次页)。伞兵的钢盔也是别致的。这种钢盔没有前檐,也没有后边保护脖子的下垂部分,它一般钢盔轻。裤子也比其他德军裤宽松,裤腿披进有着厚厚橡胶底的缚带跳靴。伞兵携带轻便和速射的武器(见下面),这些武器便于操作,却能提供让人难忘的火力。

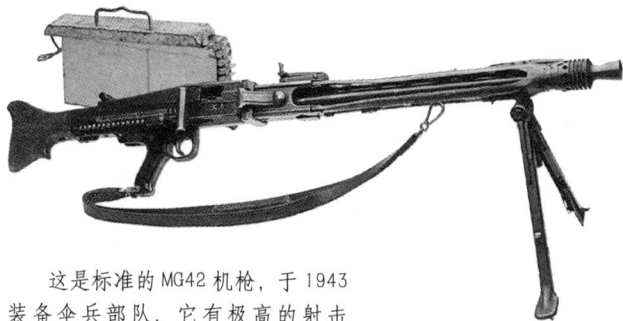

这是标准的 MG42 机枪,于 1943 装备伞兵部队,它有极高的射击速——每分钟达到 1200 发。

专门为伞兵设计的 F42 式来复枪是一种多用途的武器。它既能打单发,又能像机枪那样连射。

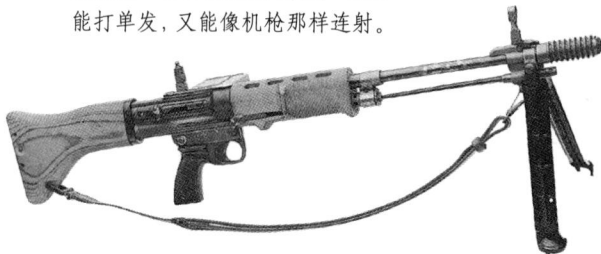

216

罩衫上有 4 个大口袋来装装备和罐头食品。其他物品装在从肩上悬挂下来的肩带和皮带上：一个轻型的帆布背包，一个防毒面具、饭盒和一把手枪和刺刀以及别在皮带里的几个手榴弹。伞兵们有时在他们的脖子上绕一条弹药带。碗装的钢盔通常用一个网罩来做伪装。

　　一排手榴弹摆放在架子上以备使用。在卡西诺城的一座厚墙构建的建筑废墟里，德军在等待着盟军的进攻，旁边是一门固定好了的突击炮。德军防守部队还在瓦砾中隐藏了一些坦克。

池塘，将地面变成黏稠的沼泽，使福雷伯格没法使用他的坦克。

伞兵部队依然岿然不动。"我们在这里所经过的难以描述，"一位老机枪手在他的日记中写道，"我从未在俄国经历过这样的事情，甚至没有一秒钟的平静，只有可怕的由机枪、迫击炮和飞机组成的风暴在上下肆虐，所有的一切都在命运的掌握之中，许多孩子已经命归黄泉。"在接下来的 9 天里，德国伞兵部队在这座掏空了的城市，消耗了新西兰步兵的 6 个营。在卡西诺后面，他们在修道院之下只有 250 英尺距离的翰格曼山，孤立了尼泊尔组成的一个营，还孤立了在因中世纪毁坏了的城堡而命名的城堡山附近的其他印度师团。

当亚历山大在 3 月 23 日叫了暂停的时候，焦头烂额的战士们仍大致处在战斗开始之前的位置上。格尔克哈斯费了很大力气才将他们在翰格曼山的据点撤了下来，他们的伤兵在红十字旗帜下直接从德军的防线上穿过。福雷伯格从这次史无前例的轰炸中所获得是，支出了 60 多万枚炮弹，在城堡山、卡西诺的部分地区和火车站损失了 2000 多人。

亚历山大对他的仇敌表示出敬意："这些德国伞兵部队真是异常顽强，他们承受了整个地中海空中力量空前的、最为密集的火力打击。我怀疑这世界上是否还有其他部队能够经受住这一切，然后再以他们的凶悍投入战斗。"

3月末，短暂的休战降临在卡西诺和安齐奥前线。之后，德国空军飞行员将成串的杀伤炸弹——美国士兵称为飞行员的爆米花皮特，投向位于安齐奥的部队，而在遭受盟军打击的安齐奥安尼，德军铁路火炮仍然保持着强大的火力。反过来，盟军充分利用他们空中的霸主地位，连续打击德军的供应线。

凯塞林命令建设两处用于撤退的阵地：希特勒线，它在古斯塔夫防线后5～10英里处穿过山区和利里峡谷；还有另外一处接近罗马，被叫作C阵地，盟军称其为恺撒防线。凯塞林发现他现在又处于一个熟悉的局面——他不能肯定盟军的下一次打击会在哪里。第1伞兵师师长理查德·海得里克将军预计会有更多突破古斯塔夫防线的尝试。但是，凯塞林则认为另一次两栖入侵可能性极大。考虑到这种威胁，他在罗马以北斯威塔伏齐亚和莱各洪关键港口附近布置了强大的预备师，这恰恰是盟军希望他做的。

海得里克的直觉证明是正确的。亚历山大非但没有放弃突进利里峡谷的意图，他甚至还计划一个更有力的一击。这项计划是以一个诡计开始的。为了利用凯塞林对再一次两栖突袭的惧怕，这位英军指挥官派遣美军第36师到那不勒斯——萨莱诺地区进行登陆演习，同时盟军的侦察机在斯威塔伏齐亚海滩进行侦察。作为第8集团军的预备队，加拿大第1军与美军假装进行无线电通信，以诱使德国人认为，一场美军和加拿大人的合作正在计划中。

　　与此同时，亚历山大重新组合了他的部队。在 3 月初，他秘密地开始将几乎整个奥利弗·利斯中将麾下的第 8 集团军从亚得里亚前线运往卡西诺战线。除了英国和英联邦国家的军队，人数超过 26.5 万人的多国部队，包括武莱迪斯娄·安得斯中将率领的波兰军团，以及来自比利时、南斯拉夫、黎巴嫩、西印度甚至意大利的部队。亚历山大部署他们接手此前由美军第 5 集团军攻占的卡西诺防线对面第 6 号高速路两侧的阵地。

　　同时，他还调集拥有 35 万强大军力的第 5 集团军前往从圣安格罗以南到惕仁尼亚海岸的区域，美第 2 军，加上第 85 和 88 步兵师被部署在英军第 10 军所在的闵特诺和大海之间。后者被调往里森的右翼，并归他指挥。位于美军右翼的法国人现在占据了由英军在 1 月夺取的格里格良诺桥头堡。朱安的部队也得到了第 1 机动化步兵师和摩洛哥第 4 师，以及从北非阿特拉斯山区来的 1.2 万名凶猛异常的柏柏尔部落人的增援。这些由于以北非人为组织成员而被称为"北非小分队"的部落人，以侦察能力和带回他们的敌人被割下来的耳朵而著称。

　　到了 5 月 11 日，亚历山大已将 13 个师塞进了卡西诺前线，并且为实施起名为皇冠行动的计划做好了准备。而只有 4 个师的德军仍然以为他们面对的敌人不超过 6 个师。皇冠计划要求第 5 集团军和第 8 集团军同时发起进攻。开始进攻后的 4 天，在安齐奥，已增加到 9

万人的特拉斯考特第 6 军将通过突破，切断第 7 号高速路，并在离罗马东南 20 英里的维蒙顿第 6 号高速路上，与第 8 集团军会合，使德军无法从南面撤退。亚历山大用类似拳击的术语描述这个计划：第 5 和第 8 集团军先打出第一拳，这有力的右拳从古斯塔夫防线划过，紧接着从安齐奥第 6 军打出一记左手勾拳。

5 月 11 日，德国方面在平安无事的状态下度过。即使每个人都知道盟军的进攻随时都可能发生，而几个高级军官还是离开了岗位，森格尔回家度假，维斯特菲尔休病假。那天下午，菲廷霍夫到了德国，为了他的勇敢从希特勒手中接受了一枚勋章。到了晚上 11 点，盟军两个集团军组成的 1660 门密集火炮发出了震耳欲聋的轰鸣，午夜还没过，盟军出击了，美国和法国在左，英军在中，波兰人在右面。

虽然进攻达到了出其不意的效果，但精心挖壕固守的德军猛烈地予以反击。到了当天的晚上，盟军的战果令人失望。波兰军队突袭蒙特卡西诺侧翼，在修道院西北 1800 码处被称为凡顿山脊和 593 高地的地方，迅速占据了一个据点。但是第 1 伞兵师的反击又使他们损失惨重地退了回来。英国第 8 军试图在莱皮多河上铺设两架供车辆行驶的桥，但是他们无法建立自己的浅滩桥头堡。虽然美军的炮兵重创了德军第 94 步兵师，但美军沿海岸所获甚少。

只有法国人取得了富有意义的进展。他们向崎岖

战地元帅艾尔伯特·凯塞林在3月的一次对前线附近一座山城拜尔蒙特卡斯台罗的巡访中，由于对在卡西诺城内和四周防御战略的成功很高兴，他坐在履带式摩托车后面愉快地挥舞着他的短马鞭。

的奥兰兹山区发起进攻，在那儿，凯塞林想依仗地形退敌，仅留下单薄的兵力。由不知疲倦的"北非小分队"作为先导的摩洛哥第2师，在蒙特美欧地区占领了两个制高点。第二天下午，他们占领了蒙特美欧，分割了德军第71师，并且使第14坦克师的左翼暴露无遗。法国人的攻势使整个古斯塔夫防线处在危险之中。

盟国空军不断地轰炸德军的通信线和供给仓库，并使第10集团军的地面指挥部失去作用，还严重损坏了凯塞林本人的指挥驻地。这位战地元帅无法得到一幅清晰的战斗图示。一直到5月13日晚，他才命令第90坦克掷弹师驰援第71师，但那已经太晚，已无法阻止

法国人。英军在莱皮多河上铺设了第3架桥，而美军正沿海岸线推进。德军的战线崩溃了。

截止到5月16日，法军和美军突破了位于利里峡谷和海岸之间的古斯塔夫防线。第二天，英军和加拿大军队到达峡谷入口处，而波兰军队在进攻蒙特卡西诺山和这座城。第1伞兵师将被割裂。一位营长记录了他的绝望："把伤员运走是不可能的。在山坡上，在臭水坑

在1944年5月盟军最后成功地拿下这座高山的攻击期间，穿着英国军服的波兰步兵在攀登通向蒙特卡西诺山的一面刀锋般的山脊。背井离乡的波兰人战斗得十分勇猛，他们大约损失了4000人马。

里，躺满了大量的尸体，一连三个晚上没有喝水、没有睡觉，截肢手术就在战斗指挥部进行。"从血染的高地上看下去，伞兵们看到盟军驶入峡谷的车队，好似望不到尽头的绸带。

5月17日，凯塞林命令卡西诺区域的部队撤退。那天晚些时候，幸存的伞兵逃进山中。在修道院的那个营也将军火引爆，然后撤下山去。第二天早晨，英军占领了这座城，而波兰军队未遇到任何抵抗，就登上了蒙特卡西诺山峰。在那里，他们只看到几位严重受伤的伞兵士兵和两名医生。为争夺圣本笃山顶而进行的惨烈厮

5月27日，在派迪蒙特珊格曼诺附近，一名胜利了的波兰士兵正在将一名德军士兵从一个木结构的地堡里拽出来。一旦越过蒙特卡西诺，波兰军队就迅速占领派迪蒙特，这里被认为是横跨6号高速路的下一道德军防线的支撑点。

225

杀终于结束了。

凯塞林一撤到希特勒防线，就急忙将防线的名字重新命名为森格尔防线，以避免元首的名字与失败联系起来，这失败使他步履蹒跚的部队得不到喘息，而盟军却在所有地方推进。到了 5 月 20 日，阿尔及利亚第 3 步兵师在坦克的支援下，在皮科东南穿透了森格尔防线，并在城中得到了立足点。阿尔及利亚人的攻击为盟军在两翼取得新的战果铺平了道路。菲廷霍夫从利里峡谷调遣两个坦克掷弹师增援正在与阿尔及利亚人作战的第 26 坦克师。5 月 24 日，美军第 2 军占领了森格尔防线与海的交会处——泰勒西纳。古罗马城堡的陷落，彻底敞开了通向安齐奥上方西斯特纳的 7 号高速路。

这天之前，在安齐奥的特拉斯考特第 6 军已经开始意在突破麦肯森第 14 集团军的行动。到 5 月 25，美军第 1 装甲师和第 3 步兵师在空军的密切配合下，已经开辟出自己穿越密集的雷区进入西斯特纳的道路。那一天，美军的工兵巡逻队沿 7 号高速路从西斯特纳向南运动，遇到了从泰勒西纳向北前进的美第 2 军的巡逻队。登陆以后的 4 个月时间，这个长远计划中的会合终于变成了现实。

得到希特勒的勉强同意，凯塞林命令部队撤到恺撒防线，这是罗马之前最后一道军事屏障。他通知菲廷霍夫和麦肯森说，战斗已经到了"决定性阶段"。

凯塞林是对的，但是，由于某种原因他对此一无

为了躲避日益猛烈的盟军空中和炮兵对安齐奥防线的轰炸，1944 年 5 月，一个德军坦克师的师部，在阿普瑞里亚附近一个铁路隧道里临时设立了指挥所和营房。

所知。在克拉克和亚历山大之间意见上的不同，将带来一种使他的大批部队能够逃脱的局面。根据亚历山大的计划，特拉斯考特的第6军预想向东北抵达维尔蒙顿，以封锁6号高速路，并使菲廷霍夫的第10集团军陷入困境。但是，克拉克对此不同意。他不但认为在那儿抓不到几个德国人，而且他认定，他的第5集团军应该获得至高的奖赏——罗马。他说："我们不但想要得到占领罗马的荣誉，而且我们感到完全配得上这份荣誉。"此外，他知道，法国一场交叉路线的进攻即将展开。5月25日，克拉克命令特拉斯考特将他的大批部队向西北方向移动，指向艾尔班山脉。第6军不是作为在维尔蒙顿的陷阱"咔嗒"一声关紧的后门，而是将作为第5集团军直取罗马的急先锋。

向维尔蒙顿前进的特拉斯考特的部队，只遇到一些微小的抵抗。但是同样根据克拉克的命令，向东北移动的部队则直接闯入了可怕的恺撒防线，那里由第4伞兵师、第65和第3坦克掷弹师这3个满员师团把守。在几次损失不小的正面突袭失败后，美军最终凭借一次夜晚出其不意的渗透，穿透了这条防线。一支来自美军第36师的巡逻队，在维里特里附近的防线处，发现了一个很小的空当。5月30日，两个团的兵力实施了突破，抵达7号高速路。到了第二天，整个师团都已越过恺撒防线。

麦肯森迟迟没有将盟军突破的消息告诉凯塞林。

对于这位战地元帅，这是与其已经不愉快的关系中最后的一根稻草。曾经预料到克拉克决定将通过艾尔班山脉进攻罗马的麦肯森，仍然对他的上级拒绝在战斗早期主持从西斯特纳撤退愤恨不已。而且，他曾激烈地反对将他的第14集团军的后备部队，送去支援菲廷霍夫在特拉西纳附近的第10集团军的命令。他拖延了步伐，使这些预备部队到达得太迟了，已经于事无补。为此，凯塞林指责他导致了这场灾难，"送给了美国人这个胜利"。这次，当这个沮丧的军队指挥官要求辞职的时候，凯塞林接受了，并用乔奇姆·雷美尔森将军替换了他。

克拉克发出了对恺撒防线剩余部分进行总攻的命令。德军没有资本进行抵抗。已经在卡西诺高地驻守了4个月的森格尔第14坦克军，已经损耗到只剩下14辆坦克。德国部队喜欢临时拼凑的特点通过在维里特里抓获的俘虏可以看得很清楚，他们隶属于50个以上的不同部队。几个月来一直周期性地生病的菲廷霍夫，被撤至医院；维斯特菲尔因为神经极度衰弱而崩溃。

当维尔蒙顿于6月2日陷落时，凯塞林命令进行总撤退。后卫部队将美军拖延了足够的时间，以使第10和第14集团军损耗很大的部队能鱼贯而入罗马城。凯塞林于6月3日通过电话向希特勒做了简要汇报。元首同意将罗马视为一座开放的城市，这预示着在这个城市中将有一番激烈的战斗。

由于害怕撤退的消息传播出去，从而引发普遍的起义，凯塞林命令他的高级军官们出席那天晚上的歌剧演出。第二天，撤退的德军在叮当作响声中穿过街道，意大利人被火炮和卡车组成的望不到尽头的队伍而吸引了。一个德国军官注意到有几个意大利人在挥动着几面小的美国国旗，并冲他笑着。忽然，他意识到，自己穿着一件缴获来的盟军夹克衫。"我们还是德国人，"他告诉他们，"美国人不久就会过来。"

从6号高速路向北移动的美军第2军的先头部队，于6月4日下午晚些时候到达罗马南郊。克拉克将军随后赶到，他在一个罗马指示标的旁边停下来，摆姿势照相，但一个德军狙击手一枪射在标志牌上，破坏了这一时刻。先头部队在晚上7点刚过抵达这座城市的中心威尼斯广场的过程中，只遇到了几起孤立的小规模抵抗。然而，克拉克在这个世界中心舞台的时刻只持续了两天。6月6号，霸王计划，这等待已久的诺曼底入侵将他的胜利从媒体上抹去。

在即将来到的几个月里，亚历山大将损失7个富有经验的师，包括他最好的山地部队、著名的法国远征军，到盟军为攻入法国南部而集结的部队。为了顶替他们，他只得到美第92步兵师、美第10山地师和来自巴西的一个师。随着一个轰炸机大队和23个战斗机中队被调到法国南部，他得到的空中支援也减少了。凯塞林将好过一些，希特勒允许他保有久经锤炼的赫尔曼·高瑞坦克师，这原本是应该去法国的，另外还给了他8个

美军第88师的部队迅速地跑过一辆燃烧着的德军虎式坦克，他们沿着一条大道进入罗马城的中心地带。在美国人到达的前一天，凯塞林得到希特勒的许可，不战而放弃了这座城市。

师，虽然其中有些师的质量值得怀疑。

在5月份密集的战斗中，凯塞林的部队损失了3.8万人以上。德军指挥官的任务是，拖住盟军度过这个夏天，直到新的防线在意大利北部能够完成。以公元410年侵略过罗马的德国部落哥特人命名的哥特防线，南起西海岸的斯帕兹亚南部，沿亚平宁的一个山嘴到亚得里亚的比萨罗，这180英里的屏障将最终比古斯塔夫防线更可怕。

在罗马沦陷后的两个星期里，德国人穿过首都北

南方前线

　　浓烟在佛罗伦萨古老的圣特里尼塔桥上翻滚，德国工兵为了阻止盟军的前进，将这座桥炸入阿尔诺河。德军部队固守阿尔诺防线近 3 周，然后向北撤至哥特防线。

部不平坦的地势，行程近 100 英里，到达特莱西门诺湖地区。持续的撤退使森格尔十分沮丧。"自从卡西诺那些日子以来，发生了多么大的变化。"他悲伤地说。在特莱西门诺湖，凯塞林阻击了盟军 8 天，然后再次撤退。

当希特勒在 6 月底下达了不许撤退的命令之后，凯塞林飞赴德国面见希特勒。这位战地元帅在对付元首上有些"绝招"，维斯特菲尔写道："这经常使他能找到自己的出路。"凯塞林激烈地争辩说，只有通过策略和撤退，他才能拯救他的两个集团军，而这是德国损失不起的。如果放手让他处理，他保证能在亚平宁以北挡住盟军。希特勒勉强地妥协了。

盟军在 7 月 19 日占领了莱克亨，接着于 4 天后进入比萨。凯塞林再次折返回来，这次回到了阿尔诺河，在那儿，他的部队又坚守了 10 天。德国人拯救罗马的安排随着佛罗伦萨这座可爱的古城的被蹂躏而抵消了。德军摧毁了除著名的蓬特维奇奥桥以外所有的桥梁，而前者只适宜于步行。

两个月血与火的激战，德军已经又损失了 6.3 万人，但是盟军还没有得到决定性的胜利。到了 8 月下旬，亚历山大再做尝试，这次他对战线亚得里亚一侧发起了全面攻击。他将这次行动称为"橄榄枝"。

作为"王冠"战役的一部分，亚历山大将一个明显的骗局加进了这个计划，即沿佛罗伦萨附近阿尔诺河位于意大利两海岸之间的中路，发起佯攻。这使德军无

暇防守。菲廷霍夫在 8 月 25 日时仍在休假，而此时第
8 集团军的部队穿越了位于亚得里亚海岸附近哥特防线
以南 12 英里的梅陶罗河。6 天以后，英军和加拿大步
兵突破了蒙特格里多佛村庄附近的防线。截至 9 月 1 日，
被撕开的口子有 15 英里宽，不过这时老天爷站到了凯
塞林一边，大雨将盟军困在佩萨罗西北的山区。

当第 8 集团军停顿下来的时候，第 5 集团军进一
步向西攻击。9 月 10 日，美军打击了位于基欧沟 2 号
通道陡峭山坡的德国第 10 和 14 军团的结合部。在德军
的抵抗崩溃之前，惨烈的战斗持续了 6 天多，之后在哥
特防线敞开了一个 30 英里宽的口子。

盟军在 6 月初从罗马出征时，就期望在 7 月底到达
里米尼。但是，他们没有考虑到，他们要达到的目标有
多少要被把部队运到法国南部和凯塞林的计谋所干扰。

到了 9 月末，在亚平宁山的盟军士兵，能透过烟
雾看到鄙峡谷，哥特防线已经在他们的背后。然而，在
接下来的几个星期里发生的零星战斗中，他们只进展了
几英里。由于雷美尔森将军身体欠佳而恢复了 14 集团
军司令官职务的森格尔，将他的防线比作一件已经被利
器刺破口子的厚衣，最终它将被撕烂，只是现在还没有。

糟糕天气的到来，使德军又有时间拼凑了一条临
时防线，它从西海岸的斯佩齐亚到博罗尼亚以南 10 英
里的一点，再到拉韦纳下面的亚得里亚海。远离博罗尼
亚的阿尔卑斯山峰，已经被白雪覆盖。亚历山大的部队

疲惫不堪，而且突然军火短缺。

10 月 23 日，凯塞林遭遇了一次严重的脑震荡。当时他的指挥车在大雾中通过挤满了军用车辆的道路，撞上了一个被拖拉着的火炮部件，结果他的指挥权交到了菲廷霍夫手上。

12 月初，当英军第 8 集团军在众多游击队起义的支持下占领了拉韦纳，从而结束了长达两个月的僵局。然而冬天的风雪迫使美第 5 集团军停在原地。菲廷霍夫将第 10 集团军撤至拉韦纳西北一线，以阻止其右翼被割断。

几个星期之后，他反过来让盟军大吃一惊。12 月 26 日，第 51 山地军打响了"冬季暴风雪"行动，这是在战线西端沿塞尔基奥峡谷而下的一次有限反击。其目的在于缓解蒙特罗萨阿尔卑斯师身上的压力，该师是 5 个仍在与菲廷霍夫部队一起战斗的意大利师团中的一个。德军打了美军一个措手不及，将第 92 师赶回去 5 英里，使整个第 5 集团军失去平衡。德军的目的达到了，他们在取得虽小但却满意的胜利后撤走了。

现在，双方又为另一个痛苦的冬天而驻扎下来。在盟军寻求更多的所得时，德国人在试图加强他们用来撤退的阵地。虽然菲廷霍夫的防线仍然从海延伸到海，但是他的军事形势却在迅速恶化。在他的后方，多支意大利游击队不断骚扰已经被轰炸破坏了的运输系统，他们或设置路障，或爆破铁路轨道。从 1 月份开始，正常情况下从德国来的每月5万吨的军需物资，全部停止了，他的部队被迫就地取材。为了保持供应，德军接到命令，使用他们所能弄到的一切，包括私人汽车、公共汽车、卡车甚至牛，通过将酒精和苯与汽油和柴油混合起来，来拖长日益萎缩的燃料供应。

4月初，盟军发动了又一次攻势。到现在，他们在火炮和人力上拥有2∶1的优势，在装甲部队上则占有3∶1的优势。在这次进攻前夕，希特勒拒绝了菲廷霍夫提出的把他的部队撤到提契诺和鄱河后面预备阵地的请求。一名愤怒的参谋称元首的这个决定，等于判了第10和14集团军的死刑。

最后的终结来得出奇突然。4月9日，英军第8集团军进攻拉韦纳北部科马基奥湖附近。5天以后，美军第5集团军打击博罗尼亚。4月20日，是希特勒56岁生日，也是他最后的生日，美国人突入这个不设防的国家，而菲廷霍夫自作主张，下达了早在几星期之前就要求的撤退命令。但是，这太迟了。第二天，两支盟军部队在博罗尼亚会合，并随逃跑的德军奔向鄱河。由于缺少架桥的设备，许多部队困在河边，到了4月29日，盟军跨过鄱河，并且封锁了所有德军逃跑的路线。

1945年5月2日是具有意义的一天，随着自己的部队最终被逼入绝境，菲廷霍夫同意停止抵抗。准确地说，从西西里最南端开始，经过570天曲折、难熬、寸土必争的艰苦战斗，为了意大利南方的战争结束了。

1944年夏天，在从意大利中部向北进行150英里的长距离撤退期间，一个疲惫不堪又十分沮丧的德军伤兵，在意大利北部一座城镇的路旁休息。

与希特勒
结盟的苦果

　　1943 年 9 月 8 日晚上，意大利向盟军投降的消息还在无线电短波上噼啪作响的声音中传播，此时，德国军队中传遍了密码——"带来收获！"意大利境内的德国部队冲进了阵地，解除了他们的前轴心国同志的武装。

　　虽然接替墨索里尼政府首脑职位的彼得罗·巴道格里奥元帅，已经许诺继续战斗，但希特勒嗅出了欺诈的味道。所以，当德国人听到休战的广播后，他们的反应就像一群愤怒的黄蜂，收缴了成千上万意大利士兵的武器，并且射杀任何拒绝合作的人。维克托·埃马努埃尔三世国王和巴道格里奥飞往亚得里亚海岸，侥幸逃脱了德国人的抓捕，但是一般百姓，尤其是犹太人却被留下来面对气急败坏的德国人的愤怒。

　　尽管现实是意大利军队乱不成章，而且基本上群龙无首，但一些军官还是被这种胁迫激怒了，他们进行了抵抗。董法兰唐·弗兰特·贡扎加将军是一位在第一次世界大战得过高级勋章的老兵，当一名德军少校要求他缴出手枪时，他拒绝了。"贡扎加是永远不会放下他的武器的！"他喊道，然后倒在一阵扫射声中。

　　意大利人已经被战争耗尽了，他们大多数人只想着保全性命，但是其他一些人逃跑后躲了起来。到了早春，一些游击队装备着从德军那里缴获的武器，或者盟军空投的武器，开始打回来。1944 年 6 月罗马陷落后，他们变得更加具有攻击性。像红星游击队这样的组织，加快了从破坏铁路到几乎每天对德军和忠于他们的意大利协同者的攻击行动。报复是迅速和无情的，德国人并不满足于消灭活跃的游击队，他们进入红星游击队队员的老家街区，这里是位于博罗格纳附近的一个以一种意大利彩釉知名的村落群，他们将每一幢房屋都烧毁。当居民们为了逃避烈火冲出家门时，德国人就用机关枪射杀他们。1800 多男人、妇女和儿童死于这场大屠杀。

在意大利投降的那一天，一名德军士兵警惕地注视着
不久就将被接管的内政部楼前一队愤怒的罗马人。

德国人
控制罗马

　　作为对德军占领罗马的一种象征性抵抗，意大利士兵在守卫着古城墙的一座门——波塔圣保罗。

一名意大利军官领着一名德国士
兵进入一座也许只存在了几个小时的
俘虏营。

德国人行动迅速地打垮了意大利
人的抵抗，并重新控制了罗马。

一辆德国党卫队的自行突击炮率领着一支德军巡逻队进入
罗马，一群不知所措的意大利人站在一旁。

罗马的意大利士兵放弃了一幢燃烧着的建筑投降了。

镇压
意大利军队

一群焦虑的意大利军官围聚在一名德国军官四周，在听关于德国人接管的消息。

在遭受德国空军的轰炸后，浓烟在罗马号上空翻滚。这艘意大利旗舰和船上的1300多名官兵一同沉入海底。

当意大利停止抵抗后，这个国家部署在从苏联到巴尔干整个欧洲的170万军队，突然发现自己处在他们的前德国同志的武装控制之中。他们的命运主要依赖于他们的政治倾向，加上运气。

因为德国缺乏手段来控制如此庞大数量的俘虏群，战地元帅阿尔贝特·凯塞林劝说意大利人丢掉他们的军服，融入平民世界。大多数人这样去做了。但是有4万倒霉的士兵发现他们变成了受奴役的劳力，被用船运到德国内陆，来填补德国日益恶化的人力短缺。

而一些仍然效忠轴心国事业的士兵，则被编进德国军队。另外一些人选择了参加新意大利社会共和国的军队，这个由贝尼托·墨索里尼领导的法西斯国家，现在已堕落成一个德国的傀儡。反法西斯人士或加入游击队组织，或把他们的武器交给游击队。

意大利的水兵却没有做更多的选择。不顾德国空军的猛烈轰炸，这支舰队以全速向设在马耳他和北非的盟军港口驶去。虽然罗马号战列舰被击沉，但其他4艘战列舰、7艘巡洋舰和8艘驱逐舰安全地驶进港口。

他们的武器已经排放在地上，在米兰附近的一个院子中，意大利士兵们屈从于他们的党卫军主宰者。

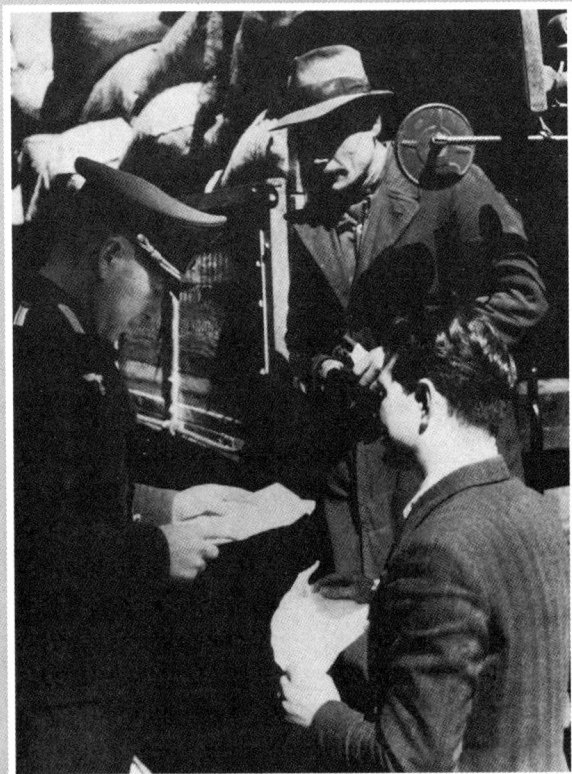

在民众中的极端恐惧

"城里到处是德国人，他们已经在附近开始抢劫，"一个仍然待在罗马的美国记日记者在占领期间，用杰尼·斯克里温纳的假名字写道，"他们在街上拦住行人，用枪口逼着，抢夺他们的珠宝、耳环、项链、手表和钱。他们还强占自行车和汽车。他们简单地拦截骑车人和驾驶者，夺走他们的车，让他们徒步离开。对这种行为没有任何规范措施。他们的态度是：'就这样，你们又能怎么样？'"

许多意大利人遭到了更坏

一名德国军官在罗马附近的一个路障拦住乘车人，检查他们的证件。德国人试图通过强制进行的随意身份检查来恫吓意大利人民。

党卫军队员在瑞士边界附近的意大利北部省份维里斯看守着几名被铐住手的犹太人。

的对待。他们中上千人为了反抗压迫者的行为而遭到报复，被不分青红皂白地杀戮了。德军在那不勒斯的指挥官明确地表达了一副报复的腔调，他宣布："任何公开和暗地里反对德国军队的行为，都将被处死。每个受伤或被打死的德军士兵，都将予以百倍的报复。"

与此同时，党卫军开始镇压那些在墨索里尼的统治下，还能得到相对庇护的意大利犹太人。德国人将他们中的大约8000人，押解到纳粹的死亡集中营。

德军士兵在一个意大利村庄挨家挨户地搜查。这样的强行闯入成了在1944年春天每天发生的恐吓行为。

在米兰四周兜捕来的市民被赶进一辆卡车，运往德国去当强制性的劳工。

一个牵引着一列装载德国军火车厢的火车头，头朝下翻下了路基，这是被意大利游击队埋设的炸药颠覆的。

德国人为了报复游击队的活动而杀死的52名意大利市民的尸体，可怕地悬挂在的里亚雅斯特市里特梅耶尔官内的楼厅上。

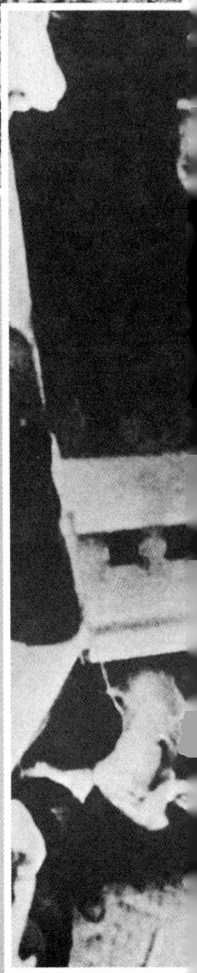

这是被游击队埋设在罗马维阿莱斯拉的炸弹炸死的32名党卫军成员的尸体。作为报复，德国人屠杀了330名意大利人。

抵抗
和报复

一些盟军领导人曾希望意大利士兵能掉转枪口，反抗德国人。但是停战的时机使意大利军队惊呆了，反抗的行动证明是零星的和无效的。

一场抵抗运动慢慢地出现了，随着越来越多前士兵将他们的战斗技能带入这个事业，运动形成了势头。他们运用打了就跑的战术，在1944年夏天消灭或捕获7500名德军士兵。除了进行严重的破坏

行动外，他们还破坏军事设施和交通。到了战争的最后的日子里，游击队的人数已达20多万人。

袭击激怒了德国人，他们在兑现每一次他们的士兵成为暴力目标时，一定要处死"适当的人质"这个誓言方面，做得很不错。整个村庄被聚集起来，并强迫目睹绞刑。尸体被悬挂几个小时，然后弄下来掩埋，正像德国人的一张布告所说的："没有仪式，也没有任何牧师的帮助。"

图书在版编目 (CIP) 数据

南方前线 / 美国时代生活编辑部编；张文天译 . —— 修订本 . —— 海口：海南出版社，2015.1（2022.7 重印）

（第三帝国）

书名原文：The third reich:The southern front

ISBN 978-7-5443-5794-4

Ⅰ . ①南… Ⅱ . ①美… ②张… Ⅲ . ①德意志第三帝国 – 史料 Ⅳ . ① K516.440.6

中国版本图书馆 CIP 数据核字 (2014) 第 271535 号

第三帝国：南方前线（修订本）

DISAN DIGUO: NANFANG QIANXIAN (XIUDING BEN)

作　　者：美国时代生活编辑部
译　　者：张文天
选题策划：李继勇
责任编辑：张　雪
责任印制：杨　程
印刷装订：北京兰星球彩色印刷有限公司
读者服务：唐雪飞
出版发行：海南出版社
总社地址：海口市金盘开发区建设三横路 2 号
邮　　编：570216
北京地址：北京市朝阳区黄厂路 3 号院 7 号楼 102 室
电　　话：0898-66812392　010-87336670
电子邮箱：hnbook@263.net
经　　销：全国新华书店经销
版　　次：2015 年 1 月第 1 版
印　　次：2022 年 7 月第 2 次印刷
开　　本：787mm×1092mm　　1/16
印　　张：15.75
字　　数：180 千
书　　号：ISBN 978-7-5443-5794-4
定　　价：45.00 元